Susanne Geiger

Deutsch üben

Trainingsbuch zu
Schritte plus neu A1

Hueber Verlag

Quellenverzeichnis:
Umschlagfoto: © Bernhard Haselbeck, München

Der Verlag weist ausdrücklich darauf hin, dass im Text enthaltene externe Links vom Verlag nur bis zum Zeitpunkt der Buchveröffentlichung eingesehen werden konnten. Auf spätere Veränderungen hat der Verlag keinerlei Einfluss. Eine Haftung des Verlags ist daher ausgeschlossen.

Das Werk und seine Teile sind urheberrechtlich geschützt.
Jede Verwertung in anderen als den gesetzlich zugelassenen Fällen bedarf deshalb der vorherigen schriftlichen Einwilligung des Verlags.

Hinweis zu § 52a UrhG: Weder das Werk noch seine Teile dürfen ohne eine solche Einwilligung überspielt, gespeichert und in ein Netzwerk eingespielt werden. Dies gilt auch für Intranets von Firmen, Schulen und sonstigen Bildungseinrichtungen.

Eingetragene Warenzeichen oder Marken sind Eigentum des jeweiligen Zeichen- bzw. Markeninhabers, auch dann, wenn diese nicht gekennzeichnet sind. Es ist jedoch zu beachten, dass weder das Vorhandensein noch das Fehlen derartiger Kennzeichnungen die Rechtslage hinsichtlich dieser gewerblichen Schutzrechte berührt.

| 3. 2. 1. | Die letzten Ziffern |
| 2022 21 20 19 18 | bezeichnen Zahl und Jahr des Druckes. |

Alle Drucke dieser Auflage können, da unverändert,
nebeneinander benutzt werden.
1. Auflage
© 2018 Hueber Verlag GmbH & Co. KG, München, Deutschland
Umschlaggestaltung: Sieveking · Agentur für Kommunikation, München
Zeichnungen: Irmtraud Guhe, München
Layout und Satz: Sieveking · Agentur für Kommunikation, München
Verlagsredaktion: Sonja Ott-Dörfer, Hueber Verlag, München
Druck und Bindung: Firmengruppe APPL, aprinta Druck GmbH, Wemding
Printed in Germany
ISBN 978–3–19–657493–7

Inhalt

Vorwort 5
Abkürzungen 5

A Begrüßung und Familie 6
- A1 Ich bin Emma *sein* im Präsens ... 6
- A2 Willkommen! 6
- A3 Ich heiße Regine. Verben im Präsens 7
- A4 Wer spricht was? Verben im Präsens 8
- A5 Elena 8
- A6 Städte 9
- A7 Wo spricht man was? 10
- A8 Adressenliste 10
- A9 In Deutschland Ländernamen mit und ohne Artikel 11
- A10 Wer sind Sie? W-Frage 12
- A11 Haben Sie Kinder? *haben* im Präsens 12
- A12 Sie sind verheiratet. Personalpronomen *er/sie* (Sg.) und *sie* (Pl.) 13
- A13 Meine Familie Possessivartikel *mein* 13
- A14 Deine Familie Possessivartikel *dein/Ihr* 14
- A15 Familienmitglieder 14
- A16 Hallo! 15
- Teste dich! (T1–T4) 16

B Wohnen und Einkaufen 18
- B1 Das ist (k)eine Tomate. Unbestimmter Artikel und Negationsartikel 18
- B2 Äpfel und Birnen Pluralformen .. 18
- B3 Wohnungen Pluralformen 19
- B4 Lebensmittel 20
- B5 Orangensaft und Schokoladenkuchen 20
- B6 Was möchten Sie trinken? Verbform *möchte* 21
- B7 Ist das die Küche? Ja-Nein-Frage 22
- B8 Was brauchen wir? Mengenangaben 22
- B9 Einkaufen und zahlen 23
- B10 An der Käse- und Wursttheke . 23
- B11 Möbel und mehr 24
- B12 Groß oder klein? 24
- B13 Sie ist schön. Personalpronomen im Nominativ 25

- B14 Wie gefällt Ihnen …? 26
- B15 Das ist nicht teuer. *nicht* 26
- B16 Welche Farbe hat …? Farben ... 27
- B17 Mein Zimmer Größenangaben .. 27
- Teste dich! (T1–T4) 28

C Alltag und Freizeit 30
- C1 Sie isst gerade. Verben mit Vokalwechsel im Präsens 30
- C2 Und du? Verben mit Vokalwechsel im Präsens 31
- C3 Laras und Peters Woche 31
- C4 Eine Pizza oder einen Hamburger? Akkusativ 32
- C5 Wann arbeitest du? *arbeiten* im Präsens 33
- C6 Wie findest du den Film? Akkusativ 33
- C7 Sie räumt nie auf. Trennbare Verben 34
- C8 Wie ist das Wetter? 35
- C9 Jahreszeiten und mehr 35
- C10 Wie spät ist es? Uhrzeit 36
- C11 Wann öffnen die Geschäfte? Zeitangaben mit Präposition 36
- C12 Wann stehst du endlich auf? Trennbare Verben 37
- C13 Kommst du nicht mit? – Antwortpartikel *ja, nein, doch* 37
- C14 Hobbys 38
- C15 Hast du ein Lieblingsessen? 38
- C16 In der Freizeit 39
- C17 Jeden Tag *jeder* in Zeitangaben .. 39
- Teste dich! (T1–T4) 40

D Schule und Beruf 42
- D1 Kannst du oder willst du nicht? *können/wollen* im Präsens 42
- D2 Sie kann Englisch. 43
- D3 Wie gut kannst du …? 43
- D4 In der Schule 44
- D5 E-Mail an Oma 44
- D6 Berufe und mehr 45
- D7 Kinderärztin? 45
- D8 Was sind Sie von Beruf? 46
- D9 Ich habe den ganzen Tag gelernt. Verben im Perfekt 47

D10	Früher und heute *sein* und *haben* im Präteritum	48
D11	Heute schon Zeitung gelesen? Verben im Perfekt	48
D12	Warst du zu Hause? *sein* und *haben* im Präteritum	49
D13	Arbeitszeiten	50
D14	Praktikum für zwei Monate Zeitangaben mit *für, seit* und *vor*	51
D15	Wann sind Sie geboren?	51
Teste dich! (T1–T4)		52

E	**Ämter und Gesundheit**	54
E1	Was muss ich tun? *müssen* und *(nicht) dürfen* im Präsens	54
E2	Was man darf und was man nicht darf *man*	55
E3	Kompliziert?	55
E4	Der Arzt hat gesagt … *sollen* im Präsens	56
E5	Unfall	56
E6	Visum	57
E7	Hilfe!	57
E8	Was tut weh? Possessivartikel *mein, dein, sein…* im Nominativ	58
E9	Wo ist mein Pass? Possessivartikel im Akkusativ	59
E10	Kann ich kurz dein Handy benutzen? Possessivartikel	60
E11	Fahrradunfall	60
E12	Briefe	61
E13	Hannas Morgen	61
E14	Kommen Sie! Imperativ	62
E15	Bitten Imperativ	63
Teste dich! (T1–T4)		64

F	**Stadt und Service**	66
F1	Mit dem Bus zur Schule Präpositionen *mit, bei* und *zu*	66
F2	In der Stadt	67
F3	Unterwegs	67
F4	Wo gibt es …? Wechselpräpositionen *in, an, auf …* + Dativ	68
F5	Wohin gehst du? Wechselpräpositionen *in, an, auf …* + Akkusativ	69
F6	Gehen oder bleiben? Präpositionen	70
F7	Wie komme ich zum Bahnhof? Wegbeschreibungen	70
F8	Am Bahnhof	71
F9	Könnten Sie kurz kommen? Konjunktiv II in höflichen Fragen	72
F10	Ich habe eine Bitte. Konjunktiv II	72
F11	In einer Stunde Zeitangaben mit *in, vor* und *nach*	73
F12	Ansagen und Durchsagen	73
F13	Kaputt!	74
F14	Anrufbeantworter	74
F15	Kundenservice und anderes	75
F16	Stress	75
Teste dich! (T1–T4)		76

G	**Kleidung und Feste**	78
G1	Die Blumen sind für dich. Personalpronomen im Akkusativ	78
G2	Alles Gute!	78
G3	Das Geschenk gefällt mir. Personalpronomen im Dativ	79
G4	Welcher Rock gefällt dir? Frageartikel *welcher* und Demonstrativartikel *dieser/ der (da)* im Nominativ	80
G5	Welchen Gürtel soll ich nehmen? *welcher* und *dieser/der (da)* im Akkusativ	81
G6	Kleidung und Co.	82
G7	Im Kaufhaus	82
G8	Wer mag wen (nicht)? *mögen* und *wissen* im Präsens	83
G9	Lieber ins Theater Komparation *gut, gern* und *viel*	84
G10	Monate und Feste	85
G11	Wir feiern heute, denn ich habe Geburtstag. Konjunktionen *denn* und *aber*	86
G12	Ich werde im Mai 18! *werden* im Präsens	86
G13	Nationalfeiertag Ordinalzahlen und Datum	87
G14	Geburtstag und Abschied Einladungen	87
Teste dich! (T1–T4)		88

Lösungen	90
Register	96

Vorwort

Liebe Deutschlernende,

mit dem Band *Deutsch üben* Trainingsbuch zu Schritte plus neu A1 können Sie alle relevanten grammatischen Strukturen und wichtigen Wörter auf der Niveaustufe A1 des *Gemeinsamen Europäischen Referenzrahmens* einüben und festigen. Die grammatische Progression sowie der thematisch aufgebaute Wortschatz richten sich nach den entsprechenden Bänden von *Schritte plus neu A1*.

Im Trainingsbuch zu Schritte plus neu A1 finden Sie
- viele abwechslungsreiche Übungen zu Grammatik GR und Wortschatz WS für mehr Sicherheit im täglichen Umgang mit der deutschen Sprache.
- 7 Kapitel zu jeweils 2 Themenbereichen aus dem Alltagsleben, die genau zu den 14 Kapiteln in *Schritte plus neu A1* passen.
- nach jedem Kapitel eine Teste-dich-Doppelseite mit komplexeren Übungen zur Bewertung des persönlichen Lernerfolgs ☺ ☺ ☺ ☺ ☺ .
- hilfreiche Tipps und Erläuterungen zu grammatischen Strukturen in den „Aufgepasst"-Kästen, hervorgehoben durch 👁.
- wichtige Wörter und Wendungen in praktischen Wortschatz-Kästen, hervorgehoben durch 📖.
- auflockernde farbige Illustrationen und
- einen übersichtlichen Lösungsteil im Anhang.

Der vorliegende Band eignet sich
- zum Lernen, Wiederholen und Festigen von Grammatik und Wortschatz der Niveaustufe A1.
- zum zusätzlichen Üben der Inhalte von *Schritte plus neu A1*.
- zur Vorbereitung auf Prüfungen der Niveaustufe A1.
- zur Vorbereitung auf das Alltagsleben in deutschsprachigen Ländern.
- zur Selbstevaluation.

Viel Erfolg mit *Deutsch üben* Trainingsbuch zu Schritte plus neu A1 !
Autorin und Verlag

Abkürzungen:

m	Maskulinum	Akk.	Akkusativ
f	Femininum	Dat.	Dativ
n	Neutrum	ugs.	umgangssprachlich
Sg.	Singular	sddt.	süddeutsch
Pl.	Plural	usw.	und so weiter

A Begrüßung und Familie

A1 Ich bin Emma. *sein* im Präsens

GR Was gehört zusammen? Ordnen Sie zu und unterstreichen Sie die Verbformen.

1. Wer bist du?
2. Das ist Irina …
3. Wer ist das?
4. Leonie und Jan sind Freunde.
5. Woher seid ihr?
6. Wer sind Sie?

a) und das ist Rob.
b) Ich bin Emma.
c) Das ist Herr Weber.
d) Wir sind aus Polen.
e) Ich bin Frau Schmid, eure Lehrerin!
f) Sie sind aus München.

1	2	3	4	5	6
b					

Ergänzen Sie die Verbformen von *sein* im Präsens.

1. ich _bin_
2. du _____
3. er/sie _____
4. wir _____
5. ihr _____
6. sie/Sie _____

A2 Willkommen!

WS Wie heißen die Grußformeln? Schreiben Sie die Wörter richtig.

1. (tenGu genMor) _Guten Morgen_!
2. (tenGu gaT) _____!
3. (ßürG ttoG) _____!
4. (tenGu endAb) _____!
5. (teGu thcaN) _____!
6. (komWillmen) _____!
7. (ollaH) _____!
8. (schTüs) _____!
9. (fAu derensehWie) _____!
10. (fAu derenhörWie) _____!

A3 Ich heiße Regine. Verben im Präsens

GR Kreuzen Sie die richtige Verbform an.

1. Ich ⊗ heiße ○ heißt ○ heißen Regine.
2. Wie ○ heiße ○ heißt ○ heißen du?
3. Pedro ○ komme ○ kommt ○ kommen aus Spanien.
4. Woher ○ komme ○ kommst ○ kommt Marina?
5. Wir ○ wohnst ○ wohnt ○ wohnen in Wien.
6. Wo ○ wohne ○ wohnen ○ wohnt ihr?
7. Pedro und Marina ○ lerne ○ lernt ○ lernen Deutsch.
8. Ihr ○ lernst ○ lernt ○ lernen auch Deutsch.
9. Wir ○ lebe ○ lebt ○ leben jetzt in Deutschland.
10. Wo ○ lebst ○ lebt ○ leben Sie?

Ergänzen Sie die Verbformen von *kommen* im Präsens und markieren Sie die Endungen.

1. ich _komme_   2. du _____   3. er/sie _____
4. wir _____   5. ihr _____   6. sie/Sie _____

Ergänzen Sie die Verbformen von *heißen* im Präsens und markieren Sie die Endungen.

1. ich _heiße_   2. du _____   3. er/sie _____
4. wir _____   5. ihr _____   6. sie/Sie _____

> **Aufgepasst!**
> Endet der Stamm eines Verbs auf *-s/ss/ß/z*, dann ist im Präsens die Endung für die 2. und 3. Person Singular (*du*- und *er*-Form) *-t*: *heißen* → *du heißt – er/sie heißt*

Begrüßung und Familie **A**   7

A

A4 Wer spricht was? Verben im Präsens

GR Ergänzen Sie die richtige Verbform.

sprichst • sprecht • spricht (2x) • ~~spreche~~ • sprechen (3x)

1. Ich _spreche_ Arabisch, Bulgarisch,
2. Du _____ Deutsch, Englisch, Farsi,
3. Er _____ Französisch, Griechisch,
4. Sie _____ Italienisch, Polnisch,
5. Wir _____ Rumänisch, Russisch,
6. Ihr _____ Spanisch, Türkisch,
7. Sie _____ Ungarisch.
8. Und Sie? Was _____ Sie?

Aufgepasst!
Lernen Sie die Verben mit der 3. Person Präsens (*er*-Form):
kommen-kommt, sprechen-spricht. Der Vokalwechsel im Präsens betrifft die 2. und 3. Person Singular (*du*- und *er*-Form): *du sprichst – er/sie spricht*. Im Plural gibt es keinen Vokalwechsel.

heißen-heißt, kommen-kommt, leben-lebt, lernen-lernt, sprechen-spricht, wohnen-wohnt

A5 Elena

GR + WS Ergänzen Sie das passende Verb.

wohnt • sprechen • ~~ist~~ • ist • spricht • kommt • leben • lernt

Das (1) _ist_ Elena. Sie (2) _____ aus Venezuela und (3) _____ jetzt in Frankfurt. Ihre Eltern (4) _____ in Caracas. Elena (5) _____ Deutsch. Frau Schmid (6) _____ ihre Lehrerin. Sie (7) _____ Deutsch und Englisch. Elena und Frau Schmid (8) _____ zusammen Englisch und ein bisschen Deutsch.

A Begrüßung und Familie

A6 Städte

GR+WS Was ist richtig? Kreuzen Sie an.

1. Berlin
   - ⊠ ist die Hauptstadt von Deutschland.
   - ○ ist die Hauptstadt von Österreich.
   - ○ liegt in der Schweiz.

2. Wien
   - ○ liegt in Süddeutschland.
   - ○ liegt in Norddeutschland.
   - ○ ist die Hauptstadt von Österreich.

3. Zürich
   - ○ ist die Hauptstadt von Österreich.
   - ○ liegt in der Schweiz.
   - ○ liegt in Deutschland.

4. Köln
   - ○ ist im Norden von Deutschland.
   - ○ ist im Süden von Deutschland.
   - ○ liegt im Westen von Deutschland.

5. Dresden
   - ○ liegt im Osten von Deutschland.
   - ○ ist im Süden von Deutschland.
   - ○ ist im Norden von Deutschland.

6. München und Stuttgart
   - ○ sind im Norden von Deutschland.
   - ○ liegen im Süden von Deutschland.
   - ○ liegen im Westen von Deutschland.

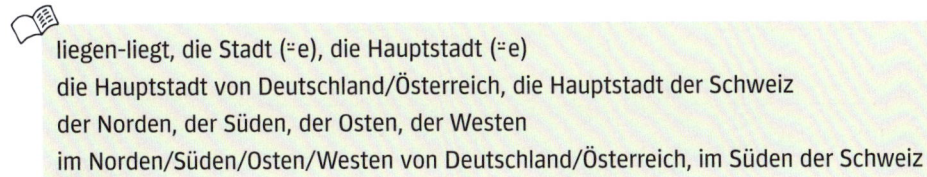

---

liegen-liegt, die Stadt (¨e), die Hauptstadt (¨e)
die Hauptstadt von Deutschland/Österreich, die Hauptstadt der Schweiz
der Norden, der Süden, der Osten, der Westen
im Norden/Süden/Osten/Westen von Deutschland/Österreich, im Süden der Schweiz

A7 Wo spricht man was?

WS Ergänzen Sie die passende Sprache.

> Arabisch • ~~Deutsch~~ • Deutsch (2x) • Englisch • Farsi • Französisch • Italienisch • Polnisch • Russisch • Türkisch • Ungarisch

1. In Deutschland spricht man _Deutsch_.
2. In Frankreich spricht man _____.
3. In Syrien spricht man _____.
4. In Polen spricht man _____.
5. In der Türkei spricht man _____.
6. In Österreich spricht man _____.
7. In der Schweiz spricht man _____.
8. In Russland spricht man _____.
9. In Italien spricht man _____.
10. In Ungarn spricht man _____.
11. In den USA spricht man _____.
12. Im Iran spricht man _____.

A8 Adressenliste

WS Ergänzen Sie das passende Nomen.

> Ort • Hausnummer • Vorname • Telefon • Straße • Postleitzahl • Land • E-Mail • ~~Familienname~~

1. _Familienname_   Martinez
2. _____   Elena
3. _____   Bornestraße
4. _____   23
5. _____   60599
6. _____   Frankfurt
7. _____   Deutschland
8. _____   +49 177 3756788
9. _____   emartinez@gmail.com

A Begrüßung und Familie

A9 In Deutschland Ländernamen mit und ohne Artikel

GR Ergänzen Sie die richtige Präposition und das Land mit oder ohne Artikel.

1. Ich komme _aus der Ukraine_ (Ukraine) und lebe jetzt _in Deutschland_ (Deutschland).
2. Sie ist _____ (Türkei) geboren und wohnt jetzt _____ (Deutschland).
3. Er ist _____ (Iran) geboren und wohnt jetzt _____ (Österreich).
4. Wir kommen _____ (Syrien) und leben jetzt _____ (Schweiz).
5. Sie sind _____ (Deutschland) geboren und leben schon lange _____ (Österreich).
6. Ich bin _____ (Niederlande) geboren und wohne jetzt _____ (Belgien).
7. Sie kommt _____ (Schweiz) und lebt schon lange _____ (USA).
8. Sie ist _____ (Ukraine) geboren und wohnt schon lange _____ (Schweden).
9. Ich komme _____ (Irak) und lebe jetzt _____ (Libanon).

> **Aufgepasst!**
> Länder- und Städtenamen sind Neutrum, stehen aber meist ohne Artikel:
> *Deutschland, Berlin* → *in/aus* Deutschland, *in/aus* Berlin
> Mit Artikel stehen Länder, die Maskulinum oder Femininum sind, oder Länder, die im Plural stehen: **der** *Iran*, **der** *Irak*, **der** *Libanon*, **die** *Schweiz*, **die** *Türkei*, **die** *Ukraine*, **die** *Niederlande* (Pl.), **die** *USA* (Pl.)
> → *im Iran/aus dem Iran*, *in/aus der Schweiz*, *in/aus den USA*

Begrüßung und Familie A

A

A10 Wer sind Sie? W-Frage

GR Was gehört zusammen? Verbinden Sie.

1. Wer
2. Wie
3. Woher
4. Wo
5. Wie
6. Was

a) wohnen Sie?
b) ist Ihr Name?
c) ist Ihre Telefonnummer?
d) ist Ihre Nationalität?
e) kommen Sie?
f) sind Sie?

1	2	3	4	5	6
f					

die Adresse (-n), der Vorname (-n), der Familienname/Nachname (-n),
die Hausnummer (-n), das Land (¨-er), die Liste (-n), der Name (-n),
die Nationalität (-en), die/das E-Mail (-s), die E-Mail-Adresse (-n), der Ort (-e),
die Postleitzahl (-en), die Straße (-n), das Telefon (-e), die Telefonnummer (-n)

A11 Haben Sie Kinder? *haben* im Präsens

GR Ergänzen Sie die richtige Verbform.

~~hat~~ • hat • habe • haben (3x) • hast • habt

1. Ich _____
2. Du _____
3. Er _____ ein Kind.
4. Sie *hat* zwei Kinder.
5. Wir _____ drei/vier/fünf/sechs Kinder.
6. Ihr _____ Kinder?
7. Sie _____
8. Und Sie? _____ Sie

12 A Begrüßung und Familie

A12 Sie sind verheiratet. Personalpronomen *er/sie* (Sg.) und *sie* (Pl.)

GR Ergänzen Sie das richtige Personalpronomen.

1. Das sind Herr und Frau Müller. _Sie_ sind verheiratet.
2. Das ist Sabrina. _____ ist ledig.
3. Das ist Achmed. _____ ist geschieden.
4. Das ist Frau Gülcan. _____ ist verwitwet.
5. Das ist mein Opa. _____ ist auch verwitwet.
6. Das ist meine Mutter. _____ ist geschieden.

der Familienstand: ledig, verheiratet, geschieden, verwitwet

A13 Meine Familie Possessivartikel *mein*

GR Ergänzen Sie *mein/meine* (Sg.) oder *meine* (Pl.).

Sarah: Ich bin Sarah und das sind (1) _meine_ Kinder. (2) _____ Tochter ist

acht Jahre und (3) _____ Sohn ist sechs. Das ist (4) _____ Mann Marian.

Tom: Das sind (5) _____ Eltern und das ist (6) _____ Schwester Lena.

Lena: Das sind (7) _____ Papa, (8) _____ Mama und (9) _____

Bruder Tom. (10) _____ Oma heißt Barbara und (11) _____ Opa Hans.

Barbara: Tom und Lena sind (12) _____ Enkelkinder. Sarah ist

(13) _____ Tochter.

Hans: Barbara ist (14) _____ Frau. Wir sind die Großeltern von Tom und Lena.

Ergänzen Sie die Formen von *mein* im Nominativ.

	Maskulinum (m)	Femininum (f)	Neutrum (n)
Singular	_mein_ Vater	_____ Mutter	_____ Kind
Plural	_____ Eltern		

A14 Deine Familie Possessivartikel *dein/Ihr*

GR Ergänzen Sie *dein/deine* (Sg.)/*deine* (Pl.) oder *Ihr/Ihre* (Sg.)/*Ihre* (Pl.).

1. Wo ist *deine* Schwester, Tom?
2. Wo ist _____ Frau, Herr Sefa?
3. Wo wohnt _____ Familie, Frau Liscow?
4. Wo sind _____ Kinder, Frau Linde?
5. Wie heißt _____ Vater und wie heißt _____ Mutter, Jasmin?
6. Wer sind _____ Eltern, Phil?
7. Wo sind _____ Geschwister, Marlies?
8. Wie heißen _____ Söhne und _____ Töchter, Herr Mustafa?

Ergänzen Sie die Formen von *dein/Ihr* im Nominativ.

	Maskulinum (m)	Femininum (f)	Neutrum (n)
Singular	*dein* / *Ihr* Sohn	_____ / _____ Tochter	_____ / _____ Kind
Plural	_____ / _____ Kinder		

der Bruder (⸚), die Eltern (*Pl.*), der Enkel (-), die Enkelin (-nen), das Enkelkind (-er),
die Familie (-n), die Frau/Ehefrau (-en), die Geschwister (*Pl.*), die Großeltern (*Pl.*),
das Kind (-er), der Mann/Ehemann (⸚er), die Mutter (⸚)/Mama (-s/*ugs.*),
die Oma (-s/*ugs.*), der Opa (-s/*ugs.*), die Schwester (-n), der Sohn (⸚e), die Tochter (⸚),
der Vater (⸚)/Papa (-s/*ugs.*)

A15 Familienmitglieder

WS Was passt nicht? Streichen Sie.

1. Eltern: Vater – Mutter – ~~Sohn~~ – Papa – Mama
2. Großeltern: Geschwister – Oma – Opa
3. Geschwister: Tochter – Bruder – Schwester
4. Kinder: Sohn – Tochter – Ehemann
5. Familie: Eltern – Kinder – Großeltern – Freunde

A16 Hallo!

WS Wie heißen die Wörter? Ergänzen Sie die fehlenden Vokale.

1. H_a_ll_o_, Vera! – H_a_ll_o_, Daniel!
2. W_ie_ geht's? – Danke, _e_s geht.
3. _E_ntsch_u_ld_i_g_u_ng, wer ist Frau Schmid? – Ich bin Frau Schmid.
4. Herzlich w_i_lk_o_mm_e_n in München!
5. Ich spreche _ei_n b_i_ssch_e_n Deutsch. – Sch_ö_n!
6. Frau Grüner spricht s_e_hr g_u_t Arabisch. – _I_nt_e_r_e_ss_a_nt!
7. Wo ist Herr Krug? – T_u_t mir l_ei_d. Das w_ei_ß ich nicht.
8. Das ist meine Adresse. – V_ie_len D_a_nk!
9. Sie sind Frau Dubois? – Ja, st_i_mmt.
10. Einen M_o_m_e_nt b_i_tt_e_! Ich komme s_o_f_o_rt.

ein bisschen, (sehr) gut, interessant, schön, sofort
Herzlich willkommen! Wie geht's? Entschuldigung! (Das) tut mir leid. Danke! Vielen Dank!
Einen Moment bitte! (Das) stimmt. Ich weiß es nicht. (Das) weiß ich nicht.

A

Teste dich!

T1 Mini-Dialog

Was passt? Kreuzen Sie an.

- (1) ⊗ Wie ○ Was heißt du?
- Ich bin Alina. Und du? (2) ○ Was ○ Wer bist du?
- (3) ○ Mein ○ Meine Name ist Mirko. Ich (4) ○ bin ○ ist aus Kroatien. Meine (5) ○ Schwester ○ Bruder wohnt auch hier.
- Interessant! Wie alt (6) ○ hast ○ bist du und wie alt (7) ○ hat ○ ist dein Bruder?
- Ich bin 17 und mein Bruder ist 19 Jahre. (8) ○ Wir ○ Ihr wohnen zusammen.
- Schön!

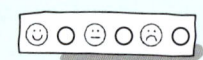

T2 Fragen und Antworten

Was gehört zusammen? Ordnen Sie zu und ergänzen Sie das passende Fragewort.

1. _Wer_ ist das?
2. _____ ist Ihr Name?
3. _____ ist Ihre Nationalität?
4. _____ kommen Sie?
5. _____ alt sind Sie?
6. _____ wohnen Sie?
7. _____ sprechen Sie?
8. _____ ist Ihre Adresse?

a) 20.
b) In München.
c) Frankfurter Ring 95, 80807 München.
d) Italienisch.
e) Das ist mein Mann.
f) Arabisch und ein bisschen Englisch.
g) Aus dem Iran.
h) Amir Rashid.

1	2	3	4	5	6	7	8
e							

A Begrüßung und Familie

T3 Ich heiße Zita.

Ergänzen Sie das Verb in Klammern in der richtigen Form.

Ich (1) _heiße_ (heißen) Zita und (2) _____ (kommen) aus der Schweiz. Meine Familie (3) _____ (sein) international. Mein Vater (4) _____ (kommen) aus Deutschland, meine Mutter (5) _____ (sein) aus Rumänien. Meine Eltern (6) _____ (sein) schon lange geschieden. Mein Vater (7) _____ (leben) in Bern, meine Mutter (8) _____ (wohnen) in Bukarest. Ich (9) _____ (sein) verheiratet. Mein Mann und ich (10) _____ (wohnen) in Stuttgart. Wir (11) _____ (haben) ein Kind, Leo. Er (12) _____ (sein) fünf.

Wir (13) _____ (sprechen) Deutsch.

Ich (14) _____ (sprechen) aber auch Rumänisch.

T4 Familie Gruber

Ergänzen Sie das passende Wort. Achten Sie bei den Verben auf die richtige Form.

aus • ~~das~~ • ein bisschen • heißen • ihre • in • international • sein • Jahre • Lehrerin • liegen • sie • sprechen

(1) _Das_ ist Familie Gruber. Der Vater kommt (2) _____ Österreich, die Mutter (3) _____ in Russland geboren. Sie wohnen jetzt (4) _____ München. München (5) _____ in Süddeutschland. Herr und Frau Gruber sind schon zwanzig (6) _____ verheiratet. (7) _____ haben drei Kinder. Die Kinder (8) _____ Luis, Amelie und Carola. Frau Gruber ist (9) _____.

Sie (10) _____ vier Sprachen: Deutsch, Russisch, Englisch und Italienisch.

(11) _____ Kinder sprechen Deutsch und sehr gut Russisch.

Herr Gruber spricht auch (12) _____ Russisch.

Die Familie ist (13) _____.

B Wohnen und Einkaufen

B1 Das ist (k)eine Tomate. Unbestimmter Artikel und Negationsartikel

GR Was ist das? Ergänzen Sie *(k)ein/(k)eine* (Sg.) oder *keine* (Pl.)

1. Das ist _eine_ Tomate. – Nein, das ist _keine_ Tomate. Das ist _ein Apfel_.
2. Das ist _____ Apfel. – Nein, das ist _____ Apfel.
   Das ist ein/eine _____.
3. Das ist _____ Orange. – Nein, das ist _____ Orange.
   Das ist ein/eine _____.
4. Das ist _____ Ei. – Nein, das ist _____ Ei.
   Das ist ein/eine _____.
5. Das sind Kartoffeln. – Nein, das sind _____ Kartoffeln. Das sind Tomaten.

Ergänzen Sie den unbestimmten Artikel und den Negationsartikel im Nominativ.

	Maskulinum (m): der	Femininum (f): die	Neutrum (n): das
Singular	_ein_ / _kein_ Apfel	_e____ / _k_____ Tomate	_e___ / _k_____ Ei
Plural: die	– / _k_____ Kartoffeln		

B2 Äpfel und Birnen Pluralformen

GR Wie heißen die Pluralformen? Schreiben Sie die Wörter richtig.

1. Hier sind (felÄp) _Äpfel_ und da sind (neBirn) _____.
2. Hier sind (Karfelntof) _____ und da sind (delnNu) _____.
3. Hier sind (nennaBa) _____ und da sind (anOrgen) _____.
4. Hier sind (ghurtsJo) _____ und da sind (Zinentro) _____.
5. Hier sind (emmelnS) _____ oder heißt es (tchenBrö) _____?

> **Aufgepasst!**
> Lernen Sie die Nomen mit dem bestimmten Artikel und mit der Pluralform:
> *die Tomate – Tomaten.*
> Manche Wörter gibt es nur im Singular oder Plural: das Obst, die Eltern

der Apfel (⸚), die Banane (-n), die Birne (-n), das Brötchen (-), das Ei (-er), der/das Joghurt (-s), die Kartoffel (-n), die Nudel (-n), die Orange (-n), die Semmel (-n, *sddt.*), die Tomate (-n), die Zitrone (-n)

B3 Wohnungen Pluralformen

GR + WS Ordnen Sie die Nomen nach ihren Pluralformen und ergänzen Sie den Singular mit dem bestimmten Artikel.

~~Apartments~~ • ~~Bäder~~ • ~~Badewannen~~ • ~~Balkone~~ • Betten • Duschen • ~~Fernseher~~ • Flure • Garagen • Gärten • Häuser • Herde • Keller • Küchen • Lampen • Matratzen • Räume • Regale • Schränke • Sessel • Sofas • Stühle • Teppiche • Terrassen • Tische • Toiletten • Wohnungen • Zimmer

- (e)n
Badewannen: die Badewanne

- e/ ⸚e
Balkone: der Balkon

- er/ ⸚er
Bäder: das Bad

- / ⸚
Fernseher: der Fernseher

- s
Apartments: das Apartment

Wohnen und Einkaufen B

B

B4 Lebensmittel

WS Was ist richtig? Kreuzen Sie an.

1. Brot, Eier und Fleisch sind
   ○ Getränke. ⊗ Lebensmittel. ○ Möbel.

2. Äpfel, Birnen und Bananen sind
   ○ Obst. ○ Gemüse. ○ Milchprodukte.

3. Tomaten, Karotten und Lauch sind
   ○ Gemüse. ○ Getränke. ○ Milchprodukte.

4. Käse, Joghurt und Sahne sind
   ○ Obst. ○ Gemüse. ○ Milchprodukte.

5. Orangensaft, Bier und Cola sind
   ○ Milchprodukte. ○ Getränke. ○ Fleisch.

6. Schokolade, Pralinen und Bonbons sind
   ○ Fisch. ○ Süßigkeiten. ○ Milchprodukte.

> der Fisch (-e), das Fleisch, das Gemüse, das Getränk (-e), die Lebensmittel *(Pl.)*,
> das Milchprodukt (-e), das Obst, die Süßigkeit (-en)

B5 Orangensaft und Schokoladenkuchen

WS Was passt zusammen? Bilden Sie Komposita und ergänzen Sie den Artikel.

-brot • -haus • ~~-saft~~ • -teppich • -tisch
Fleisch- • Kühl- • Milch- • Schokoladen- • Schreibtisch-

1. *der* Orange*nsaft*
2. _____ _____kaffee
3. _____ Käse_____
4. _____ _____wurst
5. _____ _____kuchen
6. _____ _____schrank
7. _____ Computer_____
8. _____ Garten_____
9. _____ _____lampe
10. _____ Wohnzimmer_____

B Wohnen und Einkaufen

B6 Was möchten Sie trinken? Verbform *möchte*

GR Kreuzen Sie die richtige Verbform an.

1. Ich ⊗ möchte ○ möchten Tee.
2. Was ○ möchten ○ möchtet ihr, Tee oder Kaffee?
3. Wir ○ möchte ○ möchten gern Kaffee.
4. Julia ○ möchte ○ möchtet Saft und Peter Wasser.
5. ○ Möchte ○ Möchtest du Bier oder Wein?
6. Die Kinder ○ möchten ○ möchtet Milch.

Ergänzen Sie die Verbformen von „möchte".

1. ich _möchte_
2. du _____
3. er/sie _____
4. wir _____
5. ihr _____
6. sie/Sie _____

das Bier, die/das Cola (-/-s), die Milch, der Kaffee (-s), der Saft (¨e), der Tee (-s), das Wasser/Mineralwasser (-), der Wein (-e) ■ trinken

Wohnen und Einkaufen B

B

B7 Ist das die Küche? Ja-Nein-Frage

GR Ergänzen Sie das Verb aus der Antwort in der richtigen Form.

1. _Ist_ das die Küche? – Ja, das ist die Küche.
2. _____ das das Wohnzimmer? – Nein, das ist das Kinderzimmer.
3. _____ das die Schlafzimmer? – Ja, das sind die Schlafzimmer.
4. _____ hier ein Balkon? – Nein, hier ist leider kein Balkon.
5. _____ Ihnen die Wohnung? – Ja, die Wohnung gefällt mir.
6. _____ Sie Möbel? – Nein, ich brauche keine Möbel.
7. _____ hier auch ein Keller? – Nein, hier ist kein Keller.
8. _____ hier eine Garage? – Nein, hier ist leider auch keine Garage.

Aufgepasst!
Im Aussagesatz steht das Verb auf Position 2,
in der Ja-Nein-Frage auf Position 1:
*Das **ist** die Küche. – **Ist** das die Küche?*
In der W-Frage folgt das Verb nach dem Fragewort:
***Wo ist** die Küche?*

B8 Was brauchen wir? Mengenangaben

GR + **WS** Was passt? Kreuzen Sie an.

1. eine Flasche ○ Wurst ⊘ Wein
2. ein Pfund ○ Mehl ○ Milch
3. drei Becher ○ Joghurt ○ Brot
4. eine Packung ○ Gurke ○ Kekse
5. 200 Gramm ○ Zucker ○ Wasser
6. zwei Liter ○ Butter ○ Milch
7. drei Kilo ○ Kartoffeln ○ Cola
8. eine Dose ○ Mais ○ Reis
9. ein Glas ○ Nudeln ○ Oliven
10. eine Tafel ○ Obst ○ Schokolade

der Becher (-), die Dose (-n), die Flasche (-n), das Glas (¨er), der Liter (-),
die Packung (-en), die Tafel (-n) ■ das Gramm, das Kilo, das Pfund

B Wohnen und Einkaufen

B9 Einkaufen und zahlen

WS Wie kann man noch sagen? Verbinden Sie.

1. Kann ich Ihnen helfen?
2. Was kostet das?
3. Wir hätten gern 500 Gramm Kirschen.
4. Was möchten Sie?
5. Möchten Sie sonst noch etwas?
6. Das kostet zusammen 12,55 Euro.
7. Wie heißt das auf Deutsch?
8. 99 Cent! Der Preis ist ein Sonderangebot.

a) Wie viel kostet das?
b) Wie sagt man das auf Deutsch?
c) Was brauchen Sie?
d) Ist das alles?
e) Das macht zusammen 12,55 Euro.
f) Das kostet heute nur 99 Cent.
g) Brauchen Sie Hilfe?
h) Wir möchten ein Pfund Kirschen.

1	2	3	4	5	6	7	8
g							

B10 An der Käse- und Wursttheke

GR + WS Schreiben Sie die Sätze richtig. Achten Sie auf die Satzzeichen.

Kunde: GutenTagIchhättegern300GrammKäse: _Guten Tag. Ich hätte gern 300 Gramm Käse._

Verkäuferin: SehrgernDerEmmentalerhieristimAngebotErkostetnur99Cent: _____

Kunde: GutDasistnichtteuerDannmöchteich500Gramm: _____

Verkäuferin: GernSonstnochetwasVielleichtWurstoderSchinken: _____

Kunde: DankeneinDasistallesfürheute: _____

B11 Möbel und mehr

WS Was passt nicht? Streichen Sie.

1. Sitzmöbel: Stuhl – ~~Schrank~~ – Sofa – Sessel
2. Bad: Badewanne – Toilette – Fernseher – Waschbecken
3. Küchengeräte: Dusche – Herd – Mikrowelle – Kaffeemaschine
4. Salat: Salz – Essig – Öl – Pralinen
5. Supermarkt: Kühlschrank – Obst – Gemüse – Käse
6. Wohnraum: Haus – Wohnung – Spülmaschine – Apartment

B12 Groß oder klein?

WS Unterstreichen Sie das Adjektiv und ergänzen Sie das Gegenteil.

> alt • billig • breit • dunkel • groß • hässlich • hell • ~~klein~~ • neu • schmal • schön • teuer

1. Deine Wohnung ist groß, meine Wohnung ist _klein_.
2. Die Küche ist schon alt, aber das Bad ist _____.
3. Mein Bett ist sehr schmal, aber sein Bett ist _____.
4. Die Lampe ist teuer. – Nein, die Lampe ist doch _____!
5. Der Schreibtisch ist hässlich. – Ja, der Schreibtisch ist nicht _____.
6. Ihr Zimmer ist dunkel, aber sein Zimmer ist _____.
7. Die Küche und das Bad sind klein, aber das Wohnzimmer ist _____.
8. Die Wohnung ist nicht billig. Sie ist sogar sehr _____.
9. Die Zimmer sind sehr hell und der Flur ist auch nicht _____.
10. Dein Balkon ist sehr breit. Mein Balkon ist ganz _____.
11. Die Wohnung ist schön, nur mein Zimmer ist _____.
12. Die Waschmaschine ist neu, aber der Herd ist _____.

> **Aufgepasst!**
> Lernen Sie Adjektive in Gegensatzpaaren: *groß* ↔ *klein*, *teuer* ↔ *billig*.

B13 Sie ist schön. Personalpronomen im Nominativ

GR Unterstreichen Sie den Artikel und ergänzen Sie das richtige Personalpronomen.

1. Gefällt dir die Wohnung? – Ja, _sie_ ist schön.
2. Ist das Bett neu? – Nein, _____ ist nicht neu.
3. Wo ist die Toilette? – _____ ist dort.
4. Ist die Wohnung groß? – Nein, _____ ist klein.
5. Die Möbel sind ganz neu. _____ gefallen mir.
6. Das ist der Balkon. _____ ist leider sehr klein.
7. Das ist mein Schreibtisch. _____ gefällt mir sehr gut.
8. Ist hier eine Dusche? – Ja, _____ ist hier.
9. Wo ist das Arbeitszimmer? – _____ ist da.
10. Der Kühlschrank gefällt mir. _____ ist schön groß.
11. Wo sind der Tisch und die Stühle? – _____ sind im Esszimmer.
12. Das Bad ist sehr klein. _____ gefällt mir nicht so gut.

Ergänzen Sie die Personalpronomen im Nominativ.

Singular	der Tisch → _er_	die Wohnung → _____	das Bett → _____
Plural	die Möbel → _____		

der Herd (-e), der Kühlschrank (⸚e), die Möbel *(Pl.)*, die Waschmaschine (-en),
das Zimmer (-): Arbeitszimmer, Esszimmer, Kinderzimmer, Schlafzimmer, Wohnzimmer
da/dort, hier, leider, sogar

B14 Wie gefällt Ihnen …?

GR + WS Formulieren Sie Fragen und Antworten.

Wie	gefällt / gefallen	dir/Ihnen	die Wohnung, die Möbel, das Sofa, mein Zimmer, die Häuser, der Garten	sehr gut / supergut gut, ganz gut es geht / geht so nicht so gut
Wie	gefällt	Ihnen	die Wohnung?	Supergut.
___	___	___	___	___
___	___	___	___	___
___	___	___	___	___
___	___	___	___	___

B15 Das ist nicht teuer. Negation *nicht*

GR Ergänzen Sie *nicht* an der richtigen Stelle im Satz.

1. Die Äpfel kosten zwei Euro. Das _____ ist *nicht* teuer.
2. Das Obst ist alt. – Das _____ stimmt _____ doch _____.
3. Die _____ Wohnung _____ gefällt _____ mir _____ so _____ gut.
4. Das _____ Bad ist _____ sehr _____ hell.
5. Wir _____ wohnen _____ in _____ München.
6. Meine _____ Familie _____ ist _____ groß.

26   B Wohnen und Einkaufen

B16 Welche Farbe hat ...? Farben

GR+WS Formulieren Sie Fragen und Antworten.

Welche Farbe	hat haben	die Kaffeemaschine, die Lampe, der Teppich, die Stühle, die Regale, das Bad	rot, gelb, grün, blau, braun, grau, schwarz, weiß hellrot,..., dunkelrot,...
Welche Farbe	hat	die Kaffeemaschine?	Sie ist rot.
_____	_____	_____	_____
_____	_____	_____	_____
_____	_____	_____	_____
_____	_____	_____	_____

die Farbe (-n): blau, braun, dunkelrot, gelb, grau, grün, hellrot, rot, schwarz, weiß
gefallen-gefällt

B17 Mein Zimmer Größenangaben

GR+WS Ergänzen Sie das passende Wort.

bezahle • breit • hoch • mal • Meter • Miete • ~~Quadratmeter~~ • wie

● Mein Zimmer ist ungefähr 24 (1) _Quadratmeter_ groß, sechs (2) _____ lang und vier Meter (3) _____. Es ist möbliert. Mein Bett ist 140 (4) _____ 200 Zentimeter. Das Regal ist zwei Meter (5) _____ und der Schreibtisch zwei Meter breit. Ich (6) _____ genau 350 Euro (7) _____.

■ (8) _____ groß, wie lang, wie teuer? Das ist doch nicht interessant! Ist das Zimmer denn schön?

der Meter (-)/m, die Miete (-n), der Quadratmeter (-)/qm/m², der Zentimeter (-)/cm
bezahlen ■ genau, ungefähr = circa/ca.

Wohnen und Einkaufen B 27

B

Teste dich!

T1 Meine Wohnung

Ergänzen Sie das passende Wort.

> das • der • die • Dusche • gefällt • ist • kein • keine • ~~meine~~ • Schreibtisch • sie • sind • teuer • Zimmer

Hier wohne ich. Das ist (1) _meine_ Wohnung. (2) _____ ist neu, aber leider sehr (3) _____. Ich habe zwei (4) _____, ein Wohnzimmer und ein Schlafzimmer. Im Wohnzimmer ist mein (5) _____. Da arbeite ich. (6) _____ Küche und (7) _____ Bad sind nicht sehr groß. Im Bad ist eine (8) _____, aber (9) _____ Badewanne. Die Toilette ist extra. Die Waschmaschine (10) _____ in der Küche. Aber das ist (11) _____ Problem! Meine Möbel (12) _____ alle weiß. Nur (13) _____ Sessel ist rot. Wie (14) _____ dir die Wohnung?

T2 Keine Frage!

Was ist richtig? Ergänzen Sie kein/keine oder nicht.

1. Das ist _nicht_ das Wohnzimmer, das ist das Schlafzimmer.
2. Eine Waschmaschine für 750 Euro? Das ist doch _kein_ Sonderangebot!
3. Wir brauchen _____ Mehl und _____ Eier.
4. Das ist _____ Stuhl, das ist ein Sessel.
5. Das Sofa ist bequem, aber die Farbe gefällt mir _____ so gut.
6. Ich kann Ihnen leider _____ helfen.
7. Morgen sind wir _____ zu Hause.
8. Der Fernseher ist noch _____ Jahr alt.
9. Die Möbel sind _____ neu, aber ganz schön.
10. Der Kuchen ist lecker, _____ Frage!
11. Die Kartoffel ist _____ Obst oder Gemüse.
12. Stimmt das oder _____?

B Wohnen und Einkaufen

B

T3 Meine Fragen ...

Formulieren Sie Fragen.

1. heißt – auf Deutsch – das – wie: *Wie heißt das auf Deutsch?*
2. teuer – ist – Schokolade – wie – in Deutschland: _____
   _____
3. die Stühle – neu – sind: _____
4. dein Zimmer – groß – ist – wie: _____
5. dir – ich – kann – helfen: _____
6. sind – hier – wo – die Toiletten: _____
7. Farbe – dein Schrank – welche – hat: _____
8. Ihnen – gefallen – nicht – die Möbel: _____

T4 ... und hier die Antworten

Ordnen Sie den Fragen 1-8 aus T3 die passenden Antworten a-h zu. Ergänzen Sie dann den fehlenden Artikel oder das fehlende Pronomen.

es (2x) • keine • mein • ~~das~~ • sie (3x)

a) Ja! Gefallen _____ dir?

b) Nicht sehr teuer. _____ kostet im Supermarkt keine zwei Euro.

c) Tut mir leid, hier sind _____ Toiletten.

d) Weiß. _____ Bett ist auch weiß.

e) Nein danke! _____ geht.

f) Auf Deutsch heißt *das* „Preis".

g) Na ja! _____ sind nicht sehr modern.

h) _____ ist klein, nur zehn Quadratmeter.

1	2	3	4	5	6	7	8
f							

Wohnen und Einkaufen **B** 29

C Alltag und Freizeit

C1 Sie isst gerade. Verben mit Vokalwechsel im Präsens

GR Ergänzen Sie die richtige Verbform.

> esse • essen • esst (2x) • isst • ~~isst~~ • schlafe • ~~schlafen~~ • schlafen •
> schlaft • schläfst • schläft

1. Sie _isst_ gerade.
2. Wir _____ später.
3. _____ ihr zu Hause?
4. Ich _____ gern.
5. _____ ihr schon?
6. Wann _____ du?
7. Die Kinder _schlafen_.
8. Oma _____ viel.
9. Ich _____ wenig.
10. _____ du schon?
11. Ihr _____ aber lange!
12. Wir _____ noch nicht.

Aufgepasst!
Manche Verben ändern in der 2. und 3. Person Singular Präsens den Vokal:
essen → du isst – er/sie/es isst, schlafen → du schläfst – er/sie/es schläft

Ergänzen Sie die Verbformen von *essen* und *schlafen* im Präsens.

1. ich _esse_
2. du _____
3. er/sie/es _____
4. wir _____
5. ihr _____
6. sie/Sie _____

1. ich _schlafe_
2. du _____
3. er/sie/es _____
4. wir _____
5. ihr _____
6. sie/Sie _____

essen-isst, schlafen-schläft
lang, viel ↔ wenig, gerade, später

C2 Und du? Verben mit Vokalwechsel im Präsens

GR Was gehört zusammen? Ordnen Sie zu und unterstreichen Sie die Verbformen.

1. Ich <u>lese</u> gern.
2. Am Wochenende <u>treffe</u> ich Freunde.
3. Ich <u>sehe</u> jeden Tag einen Film.
4. Ich <u>fahre</u> oft Fahrrad.
5. Ich <u>spreche</u> fünf Sprachen.

a) <u>Siehst</u> du gern Filme?
b) <u>Fährst</u> du Fahrrad?
c) <u>Liest</u> du gern?
d) Wie viele Sprachen <u>sprichst</u> du?
e) <u>Triffst</u> du oft Freunde?

1	2	3	4	5
c				

> fahren–fährt, lesen–liest, sehen–sieht, sprechen–spricht, treffen–trifft
> das Fahrrad (¨er), der Film (-e)

C3 Laras und Peters Woche

WS Ergänzen Sie die fehlenden Vokale.

Lara: (1) Am (2) M_o_nt_a_g und (3) _m D_nn_rst_g lerne ich Englisch. (4) _m D__nst_g gehe ich schwimmen. (5) _m M_ttw_ch und (6) Fr__tag bin ich im Büro. (7) _m Woch_n_nd_ spiele ich Tennis.

Peter: (8) _m V_rm_tt_g und (9) _m N_chm_tt_g arbeite ich. (10) _m _b_nd mache ich Sport und (11) _n d_r N_cht schlafe ich. Die Nacht ist leider viel zu kurz! (12) _m M_rg_n bin ich immer müde.

> der Tag (-e), die Woche (-n), das Wochenende (-n), die Wochentage:
> der Montag/Dienstag/Mittwoch/Donnerstag/Freitag/Samstag/Sonntag (-e)
> am Montag/Dienstag usw., am Wochenende
> der Morgen, der Vormittag/Mittag/Nachmittag (-e), der Abend (-e), die Nacht (¨e)
> am Morgen/Vormittag/Abend, in der Nacht, heute Morgen

Alltag und Freizeit C

C4 Eine Pizza oder einen Hamburger? Akkusativ

GR Was ist richtig? Kreuzen Sie an.

1. Möchtest du ⊗ eine ○ einen Pizza oder ○ eine ⊗ einen Hamburger? – Ich nehme ○ der ⊗ den Hamburger.
2. Nimmst du ○ das ○ den Tagesmenü? – Ja. Das kostet nicht so viel.
3. Wie findest du ○ das ○ den Fisch? – Gut, aber ○ das ○ den Fleisch finde ich besser.
4. Wir nehmen ○ eine ○ einen Cola, ○ ein ○ einen Apfelsaft und ○ ein ○ einen Wasser.
5. Jana hat ○ kein ○ keinen Hunger mehr, aber sie nimmt noch ○ eine ○ einen Espresso.
6. Oma trinkt am Abend gern ○ das ○ ein Bier. Dann schläft sie in der Nacht gut.
7. Wir brauchen ○ kein ○ keine Lebensmittel und ○ kein ○ keine Getränke. Wir haben alles.
8. Marie backt ○ ein ○ einen Kuchen. Hans kocht ○ den ○ die Kaffee.

Ergänzen Sie die fehlenden Akkusativendungen.

		Nominativ	Akkusativ
Sg.	m	der/ein/kein Kuchen	den/ _e_____ / _k_____ Kuchen
	f	die/eine/keine Pizza	die/ _eine_ / _keine_ Pizza
	n	das/ein/kein Bier	das/ _e___ / _k____ Bier
Plural		die/–/keine Getränke	die/ _–_ / _k_____ Getränke

Ergänzen Sie die Verbformen von *nehmen* im Präsens.

1. ich _nehme_
2. du _____
3. er/sie/es _____
4. wir _____
5. ihr _____
6. sie/Sie _____

📖 backen-backt/bäckt, finden, kosten, nehmen-nimmt ■ gut-besser
Ich habe Hunger/keinen Hunger. Ich habe Durst/keinen Durst.

C5 Wann arbeitest du? *arbeiten* im Präsens

GR Ergänzen Sie die richtige Verbform.

> ~~arbeite~~ • arbeiten (3x) • arbeitest • arbeitet (3x)

1. Ich   *arbeite*   heute nicht.
2. Du   _____   von früh bis spät.
3. Er   _____   auch am Wochenende.
4. Sie   _____   von morgens bis abends.
5. Wir   _____   von Montag bis Freitag.
6. Ihr   _____   nur am Samstag.
7. Sie   _____   Tag und Nacht.
8. Und Sie?   _____ Sie?

Aufgepasst!
Endet der Verbstamm auf *-t* oder *-d,* wird im Präsens in der 2. und 3. Person Singular und der 2. Person Plural zwischen Stamm und Endung ein *-e-* eingeschoben:
*arbeit**en*** → du arbeit**est** – er/sie/es arbeit**et** – ihr arbeit**et**
*find**en*** → du find**est** – er/sie/es find**et** – ihr find**et**

C6 Wie findest du den Film? Akkusativ

GR Ergänzen Sie den bestimmten Artikel im Akkusativ und formulieren Sie Antworten.

Wie findest du	*den* Film / _____ Fahrrad / _____ Stadt / _____ Kaffee / _____ Lehrer?	sehr/nicht so... schön, interessant, gut, nett, toll
Ich finde _____ _____ _____	*den Film* _____ _____ _____	*nicht so toll.* _____. _____. _____. _____.

Alltag und Freizeit **C**   33

C7 Sie räumt nie auf. Trennbare Verben

GR Unterstreichen Sie den Infinitiv und ergänzen Sie das Verb in der richtigen Form.

1. Meine Tochter mag ihr Zimmer nicht <u>aufräumen</u>. Sie _räumt_ nie _auf_.
2. Möchtet ihr mitkommen? – Wir _____ gern _____.
3. Wollen wir fernsehen? – Nein, ich _____ nicht gern _____.
4. Gehst du heute noch einkaufen? – Ja, ich _____ später _____.
5. Wollen wir heute Abend eine DVD anschauen? – Ok. Wir _____ eine DVD ____.
6. Wir lesen zusammen den Text. Wer möchte anfangen? – Ich _____ _____.
7. Montag bis Freitag früh aufstehen – wie schrecklich! Am Wochenende _____ wir spät _____.
8. Ich möchte kurz zu Hause anrufen. Ich _____ immer zu Hause _____ und sage Bescheid.
9. Wir müssen losgehen! – Wir _____ gleich _____.
10. Wann möchtest du zurückkommen? – Morgen _____ ich _____.
11. Willst du heute die Kinder abholen? – Heute _____ Oma die Kinder _____.
12. Wollen wir um sieben Uhr losfahren? – Du bist verrückt! So früh _____ wir nicht _____!

> **Aufgepasst!**
> Verben mit den Vorsilben *ab-, an-, auf-, ein-, fern-, los-, mit-, zurück-* sind trennbar: *aufräumen* → er/sie/es räumt **auf**, *einkaufen* → er/sie/es kauft **ein**
> Im Hauptsatz steht Verb 1 an Position 2, Verb 2 am Ende:
> *Heute Abend* **schauen** *wir eine DVD* **an.**

abholen, anfangen-fängt an, anrufen, anschauen, aufräumen, aufstehen, einkaufen, fernsehen-sieht fern, losfahren, losgehen, mitkommen, zurückkommen
schrecklich, verrückt, früh ↔ spät, immer ↔ nie

C8 Wie ist das Wetter?

WS Was gehört zusammen? Ordnen Sie zu und unterstreichen Sie die zusammengehörigen Wörter.

1. Im Süden schneit es.
2. Der Himmel ist bewölkt.
3. Heute scheint die Sonne.
4. Im Norden ist es windig und kalt.
5. Es regnet und regnet.

a) Es ist sonnig.
b) Der Regen hört nicht auf.
c) Magst du Schnee?
d) Der Wind ist sehr unangenehm.
e) Es gibt viele Wolken.

1	2	3	4	5
c				

C9 Jahreszeiten und mehr

WS Schreiben Sie die Wörter richtig.

1. Im (lingFrüh) _Frühling_ steigen die (renturapeTem) _____.
2. Im (terWin) _____ ist es kalt und im (merSom) _____ warm.
3. Im (tsbreH) _____ ist das (terWet) _____ oft noch schön.
4. Es (tbielb) _____ sonnig und (mraw) _____.
5. Heute ist es richtig (ßieh) _____. Es sind 30 (darG) _____.
6. Findest du (nusmi) _____ 10 Grad kalt?

die Jahreszeit (-en): der Frühling, der Sommer, der Herbst, der Winter
im Frühling/Sommer/Herbst/Winter
das Grad (-e), der Regen, der Schnee, die Sonne, die Temperatur (-en),
das Wetter, der Wind (-e), die Wolke (-n)
aufhören, bleiben, geben-es gibt, regnen-es regnet, schneien-es schneit
(un)angenehm, bewölkt, kalt ↔ warm/heiß, plus ↔ minus, sonnig, windig

C10 Wie spät ist es? Uhrzeit

GR Was passt nicht? Streichen Sie.

Es ist ...

1. 23:00 Uhr: elf Uhr nachts – dreiundzwanzig Uhr – ~~elf Uhr mittags~~ – Punkt elf
2. 8:30 Uhr: halb acht – halb neun – acht Uhr dreißig
3. 13:15 Uhr: dreizehn Uhr fünfzehn – Viertel nach eins – Viertel nach zwei
4. 9:45 Uhr: Viertel vor zehn – neun Uhr fünfundvierzig – fünfzehn Minuten vor zehn – Viertel nach zehn
5. 17:20 Uhr: sechs Uhr zwanzig – siebzehn Uhr zwanzig – zwanzig nach fünf – zehn vor halb sechs
6. 10:57: drei Minuten vor elf – kurz nach elf – kurz vor elf – gleich elf – zehn Uhr siebenundfünfzig

C11 Wann öffnen die Geschäfte? Zeitangaben mit Präposition

GR + WS Ergänzen Sie *um*, *am*, *in der*, *bis* oder *von...bis* vor der Zeitangabe.

1. Die Geschäfte öffnen _um_ zehn und schließen _um_ 20 Uhr.
2. Sie erreichen uns Montag _____ Freitag _____ 9 _____ 18 Uhr.
3. Die Praxis schließt _____ sechs.
4. _____ Wochenende ist das Restaurant geöffnet. Montag ist Ruhetag.
5. Die Bibliothek ist _____ Samstag geschlossen. Sie öffnet erst wieder _____ Montag _____ zehn.
6. Ist der Supermarkt _____ _____ Nacht geöffnet? – Nein, er schließt _____ Abend _____ acht.
7. Wir sind Montag _____ Donnerstag _____ 8 _____ 16 Uhr für Sie da.
8. Die Mittagspause ist _____ 12 _____ 13 Uhr.

> öffnen ↔ schließen, geöffnet/auf ↔ geschlossen/zu
> um acht Uhr, von 10 bis 12 Uhr, (von) Montag bis Freitag

C Alltag und Freizeit

C12 Wann stehst du endlich auf? Trennbare Verben

GR + WS Ergänzen Sie das passende Verb in der richtigen Form.

anfangen • anrufen • aufräumen • aufstehen • einkaufen • losfahren

1. Wann _stehst_ du endlich _auf_? Es ist schon elf!
2. Wann _____ du endlich dein Zimmer _____? Da ist Chaos!
3. Wann _____ du endlich _____? Der Kühlschrank ist leer!
4. Wann _____ der Kurs endlich _____? Ich möchte Deutsch lernen!
5. Wann _____ wir endlich _____? Wir kommen sonst zu spät!
6. Wann _____ du endlich deine Mutter _____? Sie ist doch allein!

C13 Kommst du nicht mit? Antwortpartikel *ja, nein, doch*

GR Welche Antwort passt nicht? Streichen Sie.

1. Kommst du nicht mit? – ~~Ja.~~ – Nein. – Doch.
2. Hast du morgen Zeit? – Ja. – Nein. – Doch.
3. Kochen wir heute Abend zusammen? – Ja, gern. – Nein, es geht heute nicht. – Doch, natürlich.
4. Tanzen Sie nicht? – Ja, okay. – Nein, heute nicht. – Doch, später.
5. Spricht dein Freund Deutsch? – Ja, sogar sehr gut. – Nein, leider nicht. – Doch, klar.
6. Hat sie keine Geschwister? – Ja, vielleicht. – Nein, ich glaube nicht. – Doch, ich meine schon.

> **Aufgepasst!**
> Positive Fragen werden mit *ja* oder *nein*, negative mit *nein* oder *doch* beantwortet:
> Hast du Hunger? – **Ja.** (= Ich habe Hunger.) oder **Nein.** (= Ich habe keinen Hunger.)
> Hast du **keinen** Hunger? –
> **Nein.** (= Ich habe keinen Hunger.) oder **Doch.** (= Ich habe Hunger.)

Alltag und Freizeit C

C14 Hobbys

WS Was passt nicht? Streichen Sie.

1. Ich sammle … Filmplakate – ~~Freunde~~ – Bierdosen – Fotos
2. Du liest … Krimis – Filme – die Speisekarte – den Text
3. Er spielt … Gitarre – Fußball – Karten – Internet
4. Sie schwimmt … im Meer – im Rhein – im Wohnzimmer – im Schwimmbad
5. Wir tanzen … in der Nacht – mit Freunden – Rock'n Roll – einen Ausflug
6. Ihr wandert … allein – am Wochenende – im Garten – mit Freunden
7. Sie kochen … einen Kuchen – eine Suppe – das Mittagessen – Kaffee
8. Ich grille … Würstchen – Nudeln – Fleisch – Gemüse

grillen, kochen, sammeln, schwimmen, spielen, tanzen, wandern

C15 Hast du ein Lieblingsessen?

GR + WS Schreiben Sie kleine Dialoge.

1. (Essen-Getränk): _Hast du ein Lieblingsessen? – Nein, ich habe kein Lieblingsessen, aber ein Lieblingsgetränk:_ Cola!
2. (Stadt-Land): _____
   _____ Österreich!
3. (Buch-Film): _____
   _____ Titanic!
4. (Lied-Sängerin): _____
   _____ Helene Fischer!

C Alltag und Freizeit

C16 In der Freizeit

WS Wie kann man noch sagen? Verbinden Sie.

1. Was machen Sie in der Freizeit?
2. Was ist deine Lieblingsbeschäftigung?
3. Tanzen macht mir Spaß.
4. Gefällt dir Fußball?
5. Wie finden Sie Pilates?
6. Mein Hobby ist Lesen.

a) Mir gefällt Tanzen.
b) Magst du Fußball?
c) Was sind Ihre Hobbys?
d) Ich lese sehr gern.
e) Wie gefällt Ihnen Pilates?
f) Was machst du besonders gern?

1	2	3	4	5	6
c					

> die Beschäftigung (-en), die Freizeit, das Hobby (-s), der Spaß, der Sport
> Lieblings-: die Lieblingsbeschäftigung

C17 Jeden Tag *jeder* in Zeitangaben

GR Ergänzen Sie die fehlenden Endungen.

1. Ich mache jed*en* Tag Yoga.
2. Jed_____ Sonntag ruft Paula ihre Eltern an.
3. Max fährt jed_____ Wochenende nach Hause.
4. Jed_____ Abend kochen wir zusammen.
5. Wir gehen jed_____ Woche ins Kino.
6. Ich stehe jed_____ Morgen sehr früh auf.

> **Aufgepasst!**
> Zeitangaben wie *jeden Tag / jede Woche* usw. stehen im Akkusativ:
> *Ich mache **jeden Tag** Yoga. / **Jeden Tag** mache ich Yoga.*

Teste dich!

T1 **Wir backen einen Obstkuchen.**

Ergänzen Sie das passende Wort in der richtigen Form.

Apfel • ~~backen~~ • ein • einkaufen • kein (2x) • kommen • Lieblings- • losfahren • was

- (1) _Backen_ wir für Sonntag einen Kuchen? Da (2) _____ Chris und Jana.
- Gute Idee! Dann (3) _____ ich schnell _____.
  (4) _____ brauchen wir denn?
- Wir haben (5) _____ Eier mehr. Ich sehe auch (6) _____ Zucker.
- Aber wir haben (7) _____. Wir machen (8) _____ Apfelkuchen.
  Das ist Janas (9) _____kuchen.
- Prima! Ich (10) _____ jetzt _____. Bis später!

T2 **Wer macht was und wann?**

Bilden Sie Sätze.

Montag, Dienstag,…, Wochenende Morgen, Vormittag,…, Abend, Nacht	die Wohnung aufräumen (ich), Tennis spielen (Lisa), Hausaufgaben machen (Hans), zusammen einkaufen (wir), immer fernsehen (Oma), meine Eltern anrufen (ich), gern tanzen gehen (du), eine DVD anschauen (wir)		
Am Montag	_räume ich_	_die Wohnung_	_auf._
_____	_____	_____	_____
_____	_____	_____	_____
_____	_____	_____	_____
_____	_____	_____	_____
_____	_____	_____	_____
_____	_____	_____	_____
_____	_____	_____	_____

T3 Meine Hobbys

Ergänzen Sie das passende Wort in der richtigen Form.

am • ein Ausflug • besonders • essen • fernsehen • Fisch • Freizeit • gefallen • gern • ~~Hobby~~ • kein • müde • sein • Spaß • spielen • treffen • viel • Winter • Wochenende • zusammen

Berit: Ich arbeite sehr viel, aber ich habe auch viele (1) _Hobbys_. Ich (2) _____ jeden Abend Klavier. Ich bin auch (3) _____ draußen. Im Sommer gehe ich (4) _____ Wochenende wandern, im (5) _____ einfach spazieren.

Uwe: Ich mag Sport, (6) _____ Fußball. Aber ich schwimme nicht gern. Ich mag (7) _____ Wassersport. Am Abend (8) _____ ich Freunde und wir trinken (9) _____ Bier. Das macht immer viel (10) _____.

Marie: Mein Hobby (11) _____ Kochen! Natürlich (12) _____ ich auch gern. Für Freunde kochen und dann zusammen essen – das (13) _____ mir. Es gibt immer Fleisch oder (14) _____ und (15) _____ Gemüse.

Leo: Ich habe eigentlich kein Hobby. In der (16) _____ bin ich gern zu Hause. Am Abend lese ich oder ich (17) _____ ein bisschen _____. Oft bin ich (18) _____ und gehe früh schlafen. Am (19) _____ mache ich gern (20) _____ _____.

T4 Aus dem Alltag

Bilden Sie Sätze. Achten Sie auf die richtigen Präpositionen und Endungen.

1. Marina – sieben Uhr – aufstehen – jeder Tag: _Marina steht jeden Tag um sieben Uhr auf._
2. David – Abend – erst – zurückkommen: _____
3. der Tanzkurs – Dienstag – anfangen: _____
4. das Schwimmbad – 10 bis 22 Uhr – sein – Donnerstag – geöffnet: _____

D Schule und Beruf

D1 Kannst du oder willst du nicht? *können/wollen* im Präsens

GR Ergänzen Sie die richtige Verbform und unterstreichen Sie den Infinitiv.

> kann (2x) • ~~kannst~~ • können (2x) • könnt • will (2x) • ~~willst~~ • willst • wollen (2x) • wollt

1. _Kannst_ du nicht oder _willst_ du nicht <u>kochen</u>?
2. Meine Tochter _k_____ leider noch nicht schwimmen.
3. Mein Freund _w_____ unbedingt Deutsch lernen.
4. Ich _k_____ morgen leider nicht kommen.
5. Wir _w_____ am Wochenende tanzen gehen.
6. _W_____ ihr mitkommen?
7. Ihr _k_____ jederzeit anrufen.
8. _W_____ Sie wirklich schon gehen?
9. Sie _k_____ gern noch bleiben.
10. Wir _k_____ die Küche auch später aufräumen.
11. Ich _w_____ keinen Stress haben.
12. Was _w_____ du heute Nachmittag machen?

> **Aufgepasst!**
> Bei den Modalverben sind die 1. und 3. Person Singular Präsens gleich:
> *können* → ich **kann** – er/sie/es **kann**, *wollen* → ich **will** – er/sie/es **will**
> Der Plural ist immer regelmäßig: *wir können* usw., *wir wollen* usw.
> Im Hauptsatz steht das Modalverb an Position 2, der Infinitiv am Ende:
> *Sie **können** gern noch **bleiben**.*

Ergänzen Sie die Verbformen von *können* und *wollen* im Präsens.

1. ich _kann_   2. du _____   3. er/sie/es _____
4. wir _____   5. ihr _____   6. sie/Sie _____

1. ich _will_   2. du _____   3. er/sie/es _____
4. wir _____   5. ihr _____   6. sie/Sie _____

D2 Sie kann Englisch.

WS *Können* oder *wollen*? Kreuzen Sie das passende Verb an. Zweimal sind beide Verben möglich.

1. Laura spricht sehr gut Deutsch. Sie ⊠ kann ○ will   aber auch Englisch.
2. Erik ist krank und er   ○ kann ○ will   nicht in die Schule gehen.
3. Der Reitkurs fängt um 15 Uhr an. Die Kinder   ○ können ○ wollen   unbedingt pünktlich sein.
4. ○ Könnt ○ wollt   ihr am Samstag mit Lea schwimmen gehen?
5. Leider ○ können ○ wollen   wir nicht singen.

D3 Wie gut kannst du …?

GR + WS Formulieren Sie Fragen und Antworten.

Wie gut	können	du Sophie Felix ihr die Kinder Sie	Fahrrad/Ski fahren, Eishockey/Tennis spielen, Gitarre/Klavier spielen, reiten, schwimmen, singen, Spanisch (sprechen)	sehr gut (ganz) gut ein bisschen nicht so gut gar/überhaupt nicht
Wie gut	*kannst*	*du*	*Fahrrad fahren?*	*Sehr gut.*

D

D4 In der Schule

GR + WS Schreiben Sie die Sätze richtig. Achten Sie auf die Satzzeichen.

Charlotte: IchhabeKopfwehIchkanndenEnglischtestnichtschreibenIchwillnachHause.

Ich habe Kopfweh. _____

_____

Lehrer: WirrufendeineMutteranVielleichtkannsiekommenunddichabholen.

_____

_____

Mutter: CharlottedukannstheutekeineHausaufgabenmachenIchkocheersteinmalTeeund dannkönnenwirweitersehen. _____

_____

D5 E-Mail an Oma

WS Ergänzen Sie das passende Nomen.

Ausflug • Jungen • ~~Klasse~~ • Klassenfoto • Mathe • Mädchen • Unterricht • Woche

Liebe Oma,

jetzt bin ich endlich in der vierten (1) *Klasse*! Wir sind zwölf (2) _____

und acht Jungen. Die (3) _____ finde ich nicht so toll, aber die Mädchen sind

nett. Auch die Lehrerin finde ich sehr nett. Wir haben jeden Tag von acht bis eins

(4) _____. Morgen machen wir das (5) _____.

Frau Helmer fotografiert! Das ist die Mutter von Annika. Und nächste (6) _____

machen wir einen (7) _____. Du siehst, es ist immer etwas los! Wir lernen

natürlich auch: (8) _____, Deutsch, Englisch …

Bis bald, Kathi

der Ausflug (¨e), das Foto (-s), der Junge (-n), die Klasse (-n), das Mädchen (-), der Unterricht ▪ fotografieren

44 D Schule und Beruf

D6 Berufe und mehr

WS Ergänzen Sie den passenden Beruf und bilden Sie die weibliche Form.

> Arzt • Hausmann • Journalist • ~~Kellner~~ • Koch • Mechatroniker • Student • Reiseleiter • Sekretär • Taxifahrer

1. Restaurant – Café – Speisekarte – Rechnung: *Kellner* / *Kellnerin*
2. Restaurant – Küche – Herd – Essen: _____ / _____
3. Reise – Tourist – Fremdsprache – zeigen: _____ / _____
4. Tourist – Hotel – Taxi – Flughafen: _____ / _____
5. Büro – Schreibtisch – Computer – Kaffeemaschine: _____ / _____
6. Kinder – kochen – waschen – Stress: _____ / _____
7. Zeitung – schreiben – Interview – Fernsehen: _____ / _____
8. Universität – studieren – lernen – Ausbildung: _____ / _____
9. Krankenhaus – Praxis – Krankenschwester – Patient: _____ / _____
10. Auto – kaputt – Werkstatt – reparieren: _____ / _____

> der Arzt (¨e)/die Ärztin (-nen), die Hausfrau (en), der Hausmann (¨er),
> der Journalist (-en), der Kellner (-), der Koch (¨e)/die Köchin (-nen),
> der Krankenpfleger (-), die Krankenschwester (-n), der Mechatroniker (-),
> der Student (-en), der Reiseleiter (-), die Sekretärin (-nen), der Taxifahrer (-)

D7 Kinderärztin?

WS Was passt zusammen? Bilden Sie Komposita und ergänzen Sie den Artikel.

> ~~-ärztin~~ • -führerin • -pfleger • -sekretärin
> Aushilfs- • Bau- • Bus- • Innen- •

1. *die* Kinder*ärztin*
2. _____ _____fahrer
3. _____ Kranken_____
4. _____ _____architektin
5. _____ _____arbeiter
6. _____ Reise_____
7. _____ _____kellner
8. _____ Chef_____

D

D8 Was sind Sie von Beruf?

WS Wie kann man noch sagen? Verbinden Sie.

1. Was sind Sie von Beruf?
2. Ich arbeite nicht.
3. Wir sind zurzeit arbeitslos.
4. Sie hat eine Stelle als Verkäuferin bei C&A.
5. Er lernt Mechatroniker.
6. Die Arbeit als Polizistin ist mein Traumjob.

a) Ich bin nicht berufstätig.
b) Sie arbeitet als Verkäuferin bei C&A.
c) Er macht eine Ausbildung zum Mechatroniker.
d) Wir sind im Moment ohne Arbeit.
e) Ich liebe meinen Beruf als Polizistin.
f) Was machen Sie beruflich?

1	2	3	4	5	6
f					

die Arbeit (-en), die Ausbildung (-en), der Beruf (-e), der Job (-s), der Polizist (-en), die Stelle (-n), der Traum (¨e), der Verkäufer (-)
arbeitslos, beruflich, berufstätig, zurzeit

46   D Schule und Beruf

D9 Ich habe den ganzen Tag gelernt. Verben im Perfekt

GR Unterstreichen Sie die Perfektformen und ergänzen Sie die Tabelle.

1. Gestern <u>habe</u> ich den ganzen Tag <u>gelernt</u>.
2. Wir <u>sind</u> nicht nach München <u>gefahren</u>.
3. Die Kinder haben Hausaufgaben gemacht, aber auch gespielt.
4. Thomas hat Kollegen getroffen. Sie haben zusammen Kaffee getrunken.
5. Hast du gestern lange gearbeitet? Du bist nicht zum Unterricht gekommen.
6. Nach der Schule ist Lisa nach Hause gegangen.

Infinitiv	Perfekt mit haben	Perfekt mit sein	Partizip ge...(e)t	Partizip ge...en
lernen	habe		gelernt	
fahren		sind		gefahren

Aufgepasst!

Das Perfekt bildet man mit *haben* und dem Partizip Perfekt:
machen → *(er/sie/es)* **hat ge**macht, *lesen* → *(er/sie/es)* **hat ge**lesen,
bei Verben der Bewegung mit *sein* und dem Partizip Perfekt:
kommen → *(er/sie/es)* **ist ge**kommen, *gehen* → *(er/sie/es)* **ist ge**gangen.
Im Hauptsatz steht Verb 1 an Position 2, Verb 2 am Ende:
Gestern **habe** *ich den ganzen Tag* **gelernt.**
Lernen Sie das Präsens und Perfekt der (unregelmäßigen) Verben immer mit:
treffen → *trifft* – **hat getroffen**, *kommen* → *kommt* – **ist gekommen**.

D

D10 Früher und heute *sein* und *haben* im Präteritum

GR Was gehört zusammen? Verbinden Sie.

1. Früher war ich angestellt,
2. Früher hatte ich viel Zeit,
3. Früher warst du lange arbeitslos,
4. Er hatte nie viel Geld,
5. Hattest du schon das Vorstellungsgespräch?
6. Wir waren noch jung

a) aber immer viel Zeit.
b) jetzt hast du endlich einen Job.
c) und hatten keine Berufserfahrung.
d) Ja, es war gestern.
e) heute bin ich selbstständig.
f) heute arbeite ich rund um die Uhr.

1	2	3	4	5	6
e					

Ergänzen Sie die fehlenden Verbformen von *sein* und *haben* im Präteritum.

1. ich _war_
2. du _____
3. er/sie/es _____
4. wir _____
5. ihr wart
6. sie/Sie waren

1. ich _hatte_
2. du _____
3. er/sie/es _____
4. wir _____
5. ihr hattet
6. sie/Sie hatten

> die Berufserfahrung, das Geld, das Vorstellungsgespräch (-e)
> angestellt, früher, jung, selbstständig ■ rund um die Uhr

D11 Heute schon Zeitung gelesen? Verben im Perfekt

GR Wie heißt das Partizip Perfekt? Schreiben Sie die Wörter richtig und ergänzen Sie die Verbformen im Infinitiv, Präsens und Perfekt.

1. Hast du heute schon Zeitung (legesen) _gelesen_ ? – _lesen–liest–hat gelesen_
2. Wir haben noch kein Radio (hörtge) _____ . – _____
3. Sie hat mit Kollegen zu Mittag (sengesge) _____ . – _____

48 D Schule und Beruf

4. Ich habe heute im Büro nur E-Mails (gebenschrie) _____. –

_____

5. Er hat lange eine Stelle (suchtge) _____. –

_____

6. Der Laptop hat nicht so viel (kosgetet) _____. –

_____

D12 Warst du zu Hause? *sein* und *haben* im Präteritum

GR Ergänzen Sie die passende Präteritumform von *sein* oder *haben*.

> hatte (2x) • hatten • hattet • war (4x) • waren (2x) • ~~warst~~ • wart

- Was hast du gestern gemacht? (1) _Warst_ du zu Hause?
- Nein, ich (2) _____ Besuch. Zwei Freundinnen (3) _____ da.
- Das (4) _____ sicher nicht langweilig. Wo (5) _____ ihr denn?
- Am Nachmittag (6) _____ wir shoppen und später sind wir noch essen gegangen. Und wie (7) _____ dein Tag?
- Ich (8) _____ nur kurz einkaufen und dann zu Hause. Ich (9) _____ viel Arbeit … (10) _____ ihr denn Spaß?
- Ja, es (11) _____ wirklich sehr lustig! Wir (12) _____ Spaß ohne Ende. Vielleicht kommst du mal mit!

> **Aufgepasst!**
> Das Verb *gehen* kann mit Infinitiv verwendet werden:
> *Ich gehe einkaufen/essen/schwimmen/tanzen.*
> Im Perfekt heißt es dann: *Ich bin einkaufen/essen/schwimmen/tanzen gegangen.*
> In der gesprochenen Sprache hört man dafür oft:
> *Ich war einkaufen/essen/schwimmen/tanzen.*

D

D13 Arbeitszeiten

WS Ergänzen Sie das passende Wort.

> abends • als • Arbeitszeiten • ~~frei~~ • freitags • halbtags • Job • morgens • selbstständig • sonntags • Studentin • vormittags

Florian: Ich habe eigentlich nie (1) _frei_. Ich bin Hausmann! Meine Frau ist ganztags im Büro. Nur (2) _____ kommt sie früher nach Hause. Haushalt und Kinder mache ich. (3) _____ sind die Kinder im Kindergarten und in der Schule. Dann geht das.

Clara: Ich bin (4) _____ und jobbe abends oft als Kellnerin. Die (5) _____ gefallen mir. Nachts bin ich fit und (6) _____ kann ich schlafen. So finde ich das gut.

Julia: Ich war früher Krankenschwester. Ich habe (7) _____ gearbeitet, mal vormittags, mal nachmittags, mal (8) _____. Der (9) _____ war nicht einfach, aber ich hatte Spaß.

Roger: Ich arbeite (10) _____ Architekt. Das war schon immer mein Traumjob. Heute bin ich (11) _____ und arbeite auch samstags, manchmal sogar (12) _____. Urlaub mache ich selten.

> die Arbeitszeit (-en), der Architekt (-en), der Kindergarten (¨), die Schule (-n)
> immer-oft-manchmal-selten-nie
> montags/dienstags/mittwochs/donnerstags/freitags/samstags/sonntags
> morgens/vormittags/mittags/nachmittags/abends/nachts
> ganztags/halbtags

D Schule und Beruf

D14 Praktikum für zwei Monate — Zeitangaben mit *für, seit* und *vor*

GR Was ist richtig? Kreuzen Sie an. Einmal passen beide Möglichkeiten.

1. Ich suche ⊠ für zwei Monate ○ vor zwei Monaten   ein Praktikum.
2. Marian arbeitet ○ seit ○ vor   einem Jahr bei BMW.
3. Judith will   ○ für ein Jahr ○ vor einem Jahr   ins Ausland gehen.
4. ○ Vor ○ Seit   zwei Jahren war ich noch Schülerin!
5. ○ Seit einer Woche ○ Für eine Woche   ist die Stelle frei.
6. Wir suchen   ○ für einen Monat ○ seit einem Monat   eine Aushilfe.

> **Aufgepasst!**
> Auf die Frage *Für wie lange?* antwortet man mit *für* + Akkusativ:
> *Für einen Tag/eine Woche/ein Jahr/zwei Monate.*
> Auf die Frage *Seit wann?* antwortet man mit *seit* + Dativ:
> *Seit einem Tag/einer Woche/einem Jahr/zwei Monaten.*
> Auf die Frage *Wann (war das)?* antwortet man mit *vor* + Dativ:
> *Vor einem Tag/einer Woche/einem Jahr/drei Jahren.*

das Ausland, die Aushilfe (-n), das Jahr (-e), der Monat (-e), das Praktikum (-ka)
frei ↔ besetzt

D15 Wann sind Sie geboren?

WS Welches Fragewort passt? Kreuzen Sie an. Zweimal passen beide Möglichkeiten.

1. ⊠ Wann ○ Wie lange   sind Sie geboren?
2. ○ Seit wann ○ Wann   sind Sie verheiratet?
3. ○ Wo ○ Wann   haben Sie bis jetzt gelebt?
4. ○ Wie lange ○ Seit wann   sind Sie schon selbstständig?
5. ○ Was ○ Seit wann   suchen Sie Arbeit?
6. ○ Wo ○ Was   haben Sie beruflich gemacht?
7. ○ Für wie lange ○ Wann   brauchen Sie die Wohnung?
8. ○ Wie lange ○ Für wie lange   dauert das Praktikum?

D

Teste dich!

T1 Meine Arbeit

Ergänzen Sie das Verb im Perfekt oder Präteritum.

Ich heiße Achmed und (1) _habe_ zuerst Koch _gelernt_ (lernen). Das (2) _____ (sein) vor sechs Jahren. Aber ich (3) _____ nur kurze Zeit als Koch _____ (arbeiten). Die Arbeitszeiten (4) _____ (sein) einfach zu lang. Vor drei Jahren (5) _____ ich nach Deutschland _____ (kommen) und (6) _____ eine Ausbildung zum Altenpfleger _____ (machen). Am Anfang (7) _____ ich sehr schlecht Deutsch _____ (sprechen). Jetzt habe ich keine Probleme mehr mit der Sprache. Ich (8) _____ (haben) auch sofort eine Stelle. Ich (9) _____ keine Bewerbungen _____ (schreiben). Ich habe Arbeit und verdiene Geld. Eine Wohnung (10) _____ ich auch _____ (finden). Und ich (11) _____ ein Auto _____ (kaufen). Das (12) _____ (sein) immer mein Traum.

T2 Wie lange hat die Ausbildung gedauert?

Formulieren Sie Fragen im Perfekt oder Präteritum.

1. dauern – die Ausbildung – wie lange: _Wie lange hat die Ausbildung gedauert?_
2. kommen – Sie – wann – nach Kiel: _____
3. essen – du – schon – etwas: _____
4. sein – ihr – gestern – im Kino: _____
5. haben – die Kinder – für die Hausaufgaben – Zeit: _____
6. gehen – Lisa – wie lange – in die Schule – in Berlin: _____

T3 Stellenanzeige

Ergänzen Sie das passende Wort.

bei • Berufserfahrung • frei • ganztags • Stellenanzeige • um • ~~vor~~ • vorbeikommen • was • wie

- Guten Tag! Ich habe (1) _vor_ zwei Tagen Ihre (2) _____ im Internet gesehen. Ist denn die Stelle noch (3) _____?
- Es sind zwei Stellen frei. Wollen Sie halbtags oder (4) _____ arbeiten?
- (5) _____ sind denn halbtags die Arbeitszeiten? Und (6) _____ zahlen Sie?
- Da sprechen wir persönlich. Haben Sie denn (7) _____ im Online-Marketing?
- Ich war zwei Jahre (8) _____ Provital im Marketing.
- Das passt. Wollen Sie morgen Vormittag um 10 Uhr (9) _____?
- Gern, dann komme ich morgen so (10) _____ zehn.

T4 Kinder

Fragen Sie nach dem unterstrichenen Teil des Satzes.

1. Seit drei Tagen ist Philipp im Kindergarten. _Seit wann ist Philipp im Kindergarten?_

2. Isabel kommt nächstes Jahr in die Schule. _____

3. Der Kindergarten bleibt für zehn Tage geschlossen. _____

4. Die Kinder haben zwei Stunden Fußball gespielt. _____

5. Ja, mein Sohn ist schon einmal Skateboard gefahren. _____

Schule und Beruf D

E Ämter und Gesundheit

E1 Was muss ich tun? *müssen* und *(nicht) dürfen* im Präsens

GR Ergänzen Sie die richtige Verbform.

> ~~darf~~ • darf (2x) • darfst • dürfen (3x) • dürft
> ~~muss~~ • muss (2x) • musst • müssen (3x) • müsst

1. Ich _muss_ ein U-Bahn-Ticket kaufen. Ich _darf_ das Geld nicht vergessen.
2. Die Kinder _____ in die Schule gehen. Sie _____ nicht zu spät kommen.
3. Du _____ eine Wohnung suchen. Du _____ nicht lange warten.
4. Er _____ das Anmeldeformular ausfüllen. Er _____ das nicht vergessen.
5. Sie (*Pl.*) _____ Ihren Ausweis mitbringen. Sie (*Pl.*) _____ den Ausweis nicht verlieren.
6. Wir _____ ein Visum beantragen. Wir _____ sonst nicht einreisen.
7. Ihr _____ ein Passfoto mitbringen. Ihr _____ das Passfoto nicht vergessen.
8. Die Mutter _____ den Antrag unterschreiben. Das Kind _____ nicht unterschreiben.

Ergänzen Sie die Verbformen von *müssen* und *dürfen* im Präsens.

1. ich _muss_   2. du _____   3. er/sie/es _____
4. wir _____   5. ihr _____   6. sie/Sie _____

1. ich _darf_   2. du _____   3. er/sie/es _____
4. wir _____   5. ihr _____   6. sie/Sie _____

> **Aufgepasst!**
> Bei den Modalverben sind die 1. und 3. Person Singular Präsens gleich:
> *müssen → ich* **muss** *– er/sie/es* **muss**, *dürfen → ich* **darf** *– er/sie/es* **darf**
> Der Plural ist immer regelmäßig: *wir müssen* usw., *wir dürfen* usw. Im Hauptsatz steht das Modalverb an Position 2, der Infinitiv am Ende: *Sie* **müssen** *unbedingt* **kommen**.

das Anmeldeformular (-e), der Antrag (⸚e), der Ausweis (-e), der Pass/Reisepass (⸚e), das Passfoto (-s), das Ticket (-s), das Visum (-sa)

E2 Was man darf und was man nicht darf *man*

GR + WS Was gehört zusammen? Verbinden Sie.

1. Hier darf man nicht parken.
2. Darf man hier rauchen?
3. Hier darf man nicht baden.
4. Darf man hier essen?
5. Darf man hier Alkohol trinken?
6. Hier darf man nicht sprechen.

a) Hier ist Baden verboten.
b) Nein, Alkohol ist verboten.
c) Ja, Essen ist erlaubt.
d) Hier ist Parken verboten.
e) Hier ist Sprechen verboten.
f) Ja, hier ist Rauchen erlaubt.

1	2	3	4	5	6
d					

baden, erlauben-erlaubt sein, parken, rauchen, verbieten-hat verboten/verboten sein
man

E3 Kompliziert?

WS Was passt zusammen? Bilden Sie Komposita und ergänzen Sie den Artikel.

-auto • -behörde • -nachweis • -pass • -platz • -schule
Fahr- • Führer- • Geburts- • Kranken- • Kurs- • Reise-

1. *der* Reise*pass*
2. _____ _____karte
3. _____ Park_____
4. _____ _____schein
5. _____ Miet_____
6. _____ _____gepäck
7. _____ Sprachen_____
8. _____ _____gebühr
9. _____ Ausländer_____
10. _____ _____versicherung
11. _____ Einkommens_____
12. _____ _____name

Ämter und Gesundheit E   55

E

E4 Der Arzt hat gesagt ... *sollen* im Präsens

GR Kreuzen Sie die richtige Verbform an.

1. Hanno hat Fieber und ⊠ soll ○ sollt viel trinken.
2. Wir ○ sollen ○ sollt Tabletten für Hanno kaufen.
3. Ich ○ soll ○ sollst bei Hanno zu Hause bleiben.
4. Du ○ soll ○ sollst viel schlafen, Hanno!
5. Ihr ○ sollen ○ sollt ohne Hanno spielen.
6. Die Freunde ○ soll ○ sollen Hanno nicht besuchen.

Ergänzen Sie die Verbformen von *sollen* im Präsens.

1. ich *soll*
2. du _____
3. er/sie/es _____
4. wir _____
5. ihr _____
6. sie/Sie _____

E5 Unfall

WS Was passt nicht? Streichen Sie.

1. Unfall: Notarzt – Verletzung – Krankenhaus – ~~Termin~~
2. Kopf: Augen – Ohren – Nase – Bein – Mund
3. Krankheit: Tee – Schnupfen – Husten – Halsweh – Fieber
4. Amt: Behörde – Botschaft – Konsulat – Geschäft
5. Auskunft: Hilfe – Information – Erklärung – Gebühr

das Amt (¨er), die Auskunft (¨e), die Behörde (-n), das Auge (-n), die Erklärung (-en), das Fieber, der Führerschein, die Hilfe (-n), der Husten, der Kopf (¨e), das Krankenhaus (¨er), die Krankheit (-en), der Notarzt (¨e), das Ohr (-en), der Schnupfen, die Tablette (-n), der Termin (-e), der Unfall (¨e), die Verletzung (-en)

E6 Visum

WS Ergänzen Sie das passende Verb in der richtigen Form.

abgeben • ausfüllen • ~~beantragen~~ • bezahlen • mitbringen • unterschreiben • vergessen

1. Ich möchte ein Visum _beantragen_.
2. Zuerst muss man einen Antrag _____.
3. Dann _____ man die Formulare.
4. Danach _____ man den Antrag _____.
5. Zum Schluss _____ man noch eine Gebühr.
6. Man darf seinen Ausweis oder Pass nicht _____.
7. Man muss Dokumente und Papiere _____.

abgeben, ausfüllen, beantragen, mitbringen,
unterschreiben-unterschreibt-hat unterschrieben,
vergessen-vergisst-hat vergessen

E7 Hilfe!

WS Wie heißen die Wörter? Ergänzen Sie die fehlenden Vokale.

1. Ich br_a_ _u_ch_e_ H_i_lf_e_. K_nn_n Sie mir bitte h_lf_n?
2. Was h_ _ßt das? Was b_d_ _t_t das?
3. Ich m_cht_ etwas fr_g_n. D_rf ich Sie etwas fr_g_n?
4. Ich v_rst_h_ das nicht. K_nn_n Sie das _rkl_r_n?
5. W_ _ bitte? Ich h_b_ das nicht v_rst_nd_n. N_ch _ _nm_l, bitte.
6. K_nn_n S_ _ d_s bitte w_ _d_rh_l_n?
7. Ich br_ _ch_ eine _ _sk_nft.

erklären, helfen-hilft-hat geholfen,
verstehen-versteht-hat verstanden

E

E8 Was tut weh? Possessivartikel *mein, dein, sein,...* im Nominativ

GR + WS Was gehört zusammen? Verbinden Sie. Unterstreichen Sie die Person und den zugehörigen Possessivartikel.

1. <u>Peter</u> hat Kopfweh.
2. Ich habe Bauchweh.
3. Wir haben Augenschmerzen.
4. Du hast Zahnschmerzen.
5. Marta hat Ohrenschmerzen.
6. Ihr habt Rückenschmerzen.
7. Haben Sie Halsweh?

a) Unsere Augen tun weh.
b) <u>Sein</u> Kopf tut weh.
c) Deine Zähne tun weh.
d) Mein Bauch tut weh.
e) Euer Rücken tut weh.
f) Tut Ihr Hals weh?
g) Ihre Ohren tun weh.

1	2	3	4	5	6	7
b						

der Bauch (¨e), die Bauchschmerzen (Pl.), das Bauchweh (ugs.), der Hals (¨e), der Rücken (-), der Zahn (¨e) ■ wehtun

Ergänzen Sie die fehlenden Formen von *mein, dein, sein,...* im Nominativ.

	Maskulinum Sg.	Neutrum Sg.	Femininum Sg.	Plural
ich	_mein_ Kopf	mein Problem	meine Ärztin	meine Zähne
du	dein Bauch	_____ Problem	_____ Ärztin	_____ Zähne
er/es, sie	_sein_ / ihr Kopf	_____ / ___ Problem	_____ / _____ Ärztin	seine / _____ Ohren
wir	unser Arzt	_____ Problem	_____ Ärztin	_____ Augen
ihr	_euer_ Rücken	_____ Problem	_____ Ärztin	eure Ärzte
sie/Sie	ihr / _Ihr_ Hals	___ / ___ Problem	_____ / _____ Ärztin	ihre / Ihre Ärzte

Aufgepasst!
Die Nominativformen des Possessivartikels sind im Singular Maskulinum und Neutrum sowie im Singular Femininum und Plural gleich.

58   E Ämter und Gesundheit

E9 Wo ist mein Pass? Possessivartikel im Akkusativ

GR Ergänzen Sie *mein/dein* usw. im Nominativ und Akkusativ.

1. Wo ist _mein_ (ich) Pass? Hast du zufällig _meinen_ Pass gesehen?
2. Wo sind _____ (Kinder) Fahrkarten? Haben die Kinder _____ Fahrkarten verloren?
3. Wo ist _____ (Paul) Auto? Ich sehe _____ Auto nicht.
4. Ist das ____ (Clara) Buch? Hat sie ____ Buch vergessen?
5. Ist das _____ (du) Schlüssel? Suchst du _____ Schlüssel?
6. Ist das _____ (wir) Tasche? Kannst du _____ Tasche nehmen?
7. Ist das _____ (ihr) Lehrerin? Ich kenne _____ Lehrerin nicht.
8. Wo sind _____ (Sie) Papiere? Können Sie _____ Papiere holen?

Ergänzen Sie die fehlenden Formen von mein, dein, sein,… im Akkusativ.

Maskulinum Sg.	Neutrum Sg.	Femininum Sg.	Plural
meinen Pass	_s_____ Auto	_u_____ Tasche	_i____ Fahrkarten
_d_____ Schlüssel	_i___ Buch	_e_____ Lehrerin	_I____ Papiere

Aufgepasst!
Die Formen des Possessivartikels sind im Nominativ und Akkusativ fast gleich.
Im **Akkusativ** erhält nur **Maskulinum Singular** eine andere Endung:
mein/dein/sein/ihr/unser/euer/ihr/Ihr (Nominativ) → mein**en**/dein**en**/sein**en**/ihr**en**/unser**en**/eur**en**/ihr**en**/Ihr**en** (Akkusativ)

das Auto (-s), die Fahrkarte (-n), die Papiere *(Pl.)*, der Schlüssel (-), die Tasche (-n)
sehen-sieht-hat gesehen, verlieren-verliert-hat verloren

E10 Kann ich kurz dein Handy benutzen? Possessivartikel

GR Was ist richtig? Kreuzen Sie an.

1. Ich muss ⊠ meine ○ meinen Mutter anrufen. Kann ich kurz ○ dein ○ deinen Handy benutzen? – Ja, natürlich! Hier ist ○ mein ○ meine Handy.

2. Ist das ○ euer ○ eure Gepäck? Soll ich ○ euer ○ eure Gepäck mitnehmen? – Danke, das ist nicht ○ unser ○ unseren Gepäck. ○ Unser ○ Unsere Gepäck ist schon im Auto.

3. Ist das ○ seine ○ seinen Telefonnummer? – Nein, ich habe ○ seine ○ seinen Telefonnummer nicht. Ich glaube, Paul hat noch keine Telefonnummer.

4. Oma findet ○ ihr ○ ihre Tabletten nicht. – ○ Ihre ○ Ihren Tabletten sind doch hier. Oma sucht jeden Tag ○ ihr ○ ihre Tabletten.

5. Auf dem Foto ist ○ mein ○ meine Bruder. Du musst unbedingt mal ○ meine ○ meinen Bruder kennenlernen. – Und du musst mal ○ meine ○ meinen Schwester treffen.

6. Für die Anmeldung brauchen wir ○ Ihr ○ Ihre Papiere. – ○ Meine ○ meinen Papiere sind hier.

E11 Fahrradunfall

WS Schreiben Sie die Wörter richtig.

- Hallo Mario! Dein (1) (mrA) _Arm_ ist ja ganz rot und dick! Was ist denn (2) (ssiertpa) _____ ?

- Ich hatte gestern einen (3) (fallUn) _____ mit dem Fahrrad. Jetzt will ich zum Arzt gehen, aber ich habe keinen (4) (minTer) _____.

- Das macht doch nichts. Das ist doch ein (5) (fallNot) _____ !

- Gestern war noch alles in (6) (nungOrd) _____, aber heute … Du siehst ja!

- Ja, es ist wirklich (7) (genddrin) _____. Soll ich mitkommen? Ich habe Zeit.

- Gern! Mein (8) (radFahr) _____ ist übrigens auch kaputt. Wir müssen zu Fuß gehen.

E Ämter und Gesundheit

E12 Briefe

Ergänzen Sie das passende Nomen mit dem richtigen Artikel.

Absender • Adresse • Anrede • Betreff • Datum • ~~Empfänger~~ • Gruß • Unterschrift

1. _der Empfänger_   Herr Bartels
2. _____ _____   Frau Kimmich
3. _____ _____   Melchiorstraße 1, 50670 Köln
4. _____ _____   22. September 2018
5. _____ _____   Unfall
6. _____ _____   Sehr geehrter Herr Bartel
7. _____ _____   Mit freundlichen Grüßen
8. _____ _____   Elisabeth Kimmich

E13 Hannas Morgen

Bringen Sie die Sätze in die richtige Reihenfolge.

- [ ] Dann trinkt sie Kaffee und isst Müsli mit Obst.
- [ ] Zuerst duscht sie kurz und hört Radio.
- [ ] Sie ist den ganzen Tag im Büro und kommt erst am Abend nach Hause.
- [1] Hanna muss schon um sechs aufstehen.
- [ ] Zum Schluss weckt sie die Kinder und fährt dann ins Büro.
- [ ] Danach packt sie ihre Tasche.

zuerst–dann–danach–zum Schluss
das Müsli ■ duschen, wecken

Ämter und Gesundheit E   61

E14 Kommen Sie! Imperativ

GR Was gehört zusammen? Verbinden Sie

1. Sie können kommen.
2. Ihr sollt jetzt eure Hausaufgaben machen.
3. Du sollst leise sein.
4. Ihr müsst im Unterricht aufpassen.
5. Du musst laut sprechen.
6. Du sollst jetzt schlafen.
7. Sie können hier warten.
8. Ihr müsst freundlich sein.

a) Passt im Unterricht auf!
b) Warten Sie bitte hier!
c) Macht jetzt eure Hausaufgaben!
d) Schlaf jetzt!
e) Sei leise!
f) Seid freundlich!
g) Kommen Sie bitte!
h) Sprich laut!

1	2	3	4	5	6	7	8
g							

Ergänzen Sie die fehlenden Imperativformen.

du	kommst / machst / wartest / passt auf / sprichst / schläfst / bist	komm / mach / warte / pass auf / _____ / _____ / ___
ihr	kommt / macht / wartet / passt auf / sprecht / schlaft / seid	kommt / _____ / wartet / _____ / _____ / sprecht / schlaft / _____
Sie	kommen / machen / warten / passen auf / sprechen / schlafen / sind	_____ / machen Sie / _____ / passen Sie auf / sprechen Sie / schlafen Sie / seien Sie

Aufgepasst!

Im Imperativ fällt in der *du*-Form die Endung *-st* weg:
du kommst → *komm*, *du wartest* → *warte*, *du sprichst* → *sprich*
Verben mit Umlaut in der 2./3. Person Präsens sind im Imperativ regelmäßig:
fahren – du fährst → *fahr*
Das Verb *sein* hat folgende Imperativformen: *sei – seid – seien Sie*
Nach einem Imperativ kann verstärkend ein Ausrufezeichen stehen: *Komm bitte!*

E15 Bitten Imperativ

GR Ergänzen Sie die Imperativform.

1. Bitte _unterschreiben Sie_ (unterschreiben-Sie) hier, Herr Müller.
2. Kinder, bitte _____ (sein-ihr) endlich ruhig!
3. _____ doch bitte mal ____ (zuhören-du), Sarah!
4. _____ (lesen-du) doch bitte den Text, Peter!
5. Frau Schmid, _____ _____ bitte noch kurz ____ (dableiben-Sie).
6. _____ doch endlich eure Zimmer ____ (aufräumen-ihr)!
7. _____ (besuchen-ihr) doch mal wieder eure Oma!
8. _____ mal das Fenster _____ (aufmachen-du)!
9. _____ doch mal _____ (herkommen-ihr)!
10. _____ _____ (informieren-Sie) doch bitte auch Ihre Kollegen.
11. _____ (geben-du) mir mal dein Handy.
12. _____ (holen-ihr) bitte eure Fahrräder.
13. _____ _____ (lachen-Sie) bitte nicht!
14. _____ _____ (sein-Sie) ja pünktlich.
15. _____ bitte deinen Ausweis _____ (mitbringen-du).

Aufgepasst!
Der Imperativ wird freundlicher mit *bitte, bitte mal, doch, mal, doch mal*:
Bitte unterschreiben Sie hier. / Besuch uns **doch mal**!
Er wird unfreundlicher mit *endlich, endlich mal, doch endlich, ja*:
Räum **endlich** dein Zimmer auf! / Seid **ja** pünktlich!

E

Teste dich!

T1 Unterricht

Ergänzen Sie das passende Modalverb in der richtigen Form.

Theresa: Leider (1) _kann_ (können) ich heute nicht zum Unterricht kommen. Ich (2) _____ (müssen) arbeiten. Aber ich (3) _____ (wollen) die Hausaufgaben machen.

Marian: Ich (4) _____ (wollen) Deutsch lernen. (5) _____ (sollen) ich einen Sprachkurs machen oder im Internet lernen? Der Kurs (6) _____ (dürfen) aber nicht so viel kosten …

Elena: Wir (7) _____ (sollen) jeden Tag Hausaufgaben machen und Wörter lernen. Wir (8) _____ (dürfen) ein Wörterbuch benutzen. Später (9) _____ (können) ich dann eine Prüfung machen.

T2 Meine Freundin, unser Hund

Ergänzen Sie den passenden Possessivartikel im Nominativ oder Akkusativ.

1. Kennst du _meine_ Freundin? Sie, _____ Geschwister und _____ Eltern sind unsere Nachbarn. _____ Vater ist Arzt und _____ Mutter ist Krankenschwester.

2. Tarek kann _____ Autoschlüssel nicht finden. _____ Schwester hilft suchen.

3. Wo hast du _____ Führerschein gemacht? Vielleicht ist _____ Führerschein hier nicht gültig.

4. Wir sind traurig. _____ Hund ist krank. Er frisst nicht und _____ Augen sind müde. Er kann auch nicht mehr laufen. _____ Beine sind zu schwach.

5. Habt ihr _____ Auto verkauft? Ich sehe nur _____ Fahrräder! Wo ist _____ Auto?

6. Ich heiße Adrian. _____ Heimat ist Deutschland. Hier wohnt auch _____ Familie. Heute besuche ich _____ Vater.

64 E Ämter und Gesundheit

T3 Krank? – Gute Tipps

Bilden Sie Imperativsätze in der *du*-Form.

1. gehen – zur Apotheke – doch bitte: *Geh doch bitte zur Apotheke.*
2. arbeiten – nicht so viel – doch: _____.
3. fahren – nach Hause – doch bitte: _____.
4. anrufen – den Arzt – doch bitte: _____.
5. trinken – Tee – doch: _____.
6. essen – etwas – bitte: _____.
7. nehmen – eine Schmerztablette – doch: _____.
8. schlafen – ein bisschen – doch: _____.

T4 Unsere Praxis

Ergänzen Sie das passende Wort in der richtigen Form.

Arzt • Bauchschmerzen • bringen • frei • können • leicht • müssen • nachmittags • Notfall • passieren • ~~Praxis~~ • Schnupfen • sein • Sprechstunde • Termin • unser

Das ist unsere (1) *Praxis*. Hier ist mein Mann (2) _____ und ich helfe an der Rezeption. Wir haben von Montag bis Freitag von 8 bis 12 Uhr (3) _____,
Montag, Dienstag und Donnerstag auch (4) _____ von 15 bis 18 Uhr.
Wir haben viele Patienten und wenige (5) _____. Die Praxis ist immer voll.
(6) _____ Patienten sind Kinder. Die Mütter oder Väter (7) _____ die
Kinder zu uns. Sie haben oft Fieber, Halsweh, Husten oder (8) _____,
Kopf- oder (9) _____. Die Kommunikation ist nicht immer
(10) _____. Dann (11) _____ die Mutter wichtig. Es gibt auch (12) _____.
Verletzungen und Unfälle (13) _____ immer wieder. Dann (14) _____
die anderen Patienten warten. Für Notfälle haben wir immer einen Termin (15) _____.
Aber Sie (16) _____ auch so vorbeikommen.

F Stadt und Service

F1 Mit dem Bus zur Schule Präpositionen *mit*, *bei* und *zu*

GR Ergänzen Sie *mit*, *bei* oder *zu*.

1. Die Kinder fahren _mit_ dem Bus _zur_ Schule.
2. _____ der Schule ist ein Supermarkt.
3. Wie lange dauert es _____ der U-Bahn _m_ Bahnhof?
4. _____ dem Auto ist es nicht weit _m_ Hotel.
5. Wir sind heute _m_ Arzt.
6. Hier geht es _____ den Praxen.
7. _m_ Krankenhaus ist auch ein Café.
8. Sollen wir _____ den Fahrrädern oder zu Fuß kommen?
9. Der Schlüssel ist _____ den Nachbarn.
10. Wir fahren _____ dem Auto nach Hause.

Ergänzen Sie nach *mit*, *bei* und *zu* den bestimmten Artikel im Dativ.

	Maskulinum (m)	Femininum (f)	Neutrum (n)
Singular	mit _dem_ Bus	mit _____ U-Bahn	mit _____ Auto
	bei dem / _____ Arzt	bei _____ Schule	bei dem / _____ Krankenhaus
	zu dem / _____ Bahnhof	zu der / _____ Schule	zu dem / _____ Hotel
Plural	bei _____ Nachbarn	zu _____ Praxen	mit _____ Fahrräder**n**

> **Aufgepasst!**
> Mit *bei* + Dativ kann man auf die Frage *Wo?*, mit *zu* + Dativ auf die Frage *Wohin?* antworten: **Wo** bist du? – **Beim** Arzt. / **Wohin** gehst du? **Zum** Arzt.
> *Bei dem*, *zu dem* und *zu der* können verkürzt werden:
> *bei dem* → **beim**, *zu dem* → **zum**, *zu der* → **zur**
> Im Dativ Plural erhalten die Nomen die Endung *-n*:
> *das Rad, die Räder* → *mit den Räder**n***

F2 In der Stadt

WS Was passt nicht? Streichen Sie.

1. Bus – Straßenbahn – ~~Flugzeug~~ – S-Bahn – Auto
2. Bahnhof – Autobahn – Zug – Bahnsteig – Gleis
3. Bank – Post – Rathaus – Schule – Brücke
4. Museum – Hotel – Restaurant – Café – Bar
5. Fußgängerzone – Kiosk – Straße – Weg – Gehsteig
6. Station – Haltestelle – Ampel – Bahnhof – Parkplatz

die Ampel (-n), die Autobahn (-en), der Bahnhof (¨e), der Bahnsteig (-e), die Bank (-en), die Bar (-s), die Brücke (-n), der Bus (-se), das Café (-s), das Flugzeug (-e), der Fuß (¨e), die Fußgängerzone (-n), der Gehsteig (-e), das Gleis (-e), die Haltestelle (-n), das Hotel (-s), der Kiosk (-e), das Museum (-een), der Nachbar (-n), der Parkplatz (¨e), die Post, die Praxis (-xen), das Rathaus (¨er), das Restaurant (-s), die S/U-Bahn (-en), die Station (-en), die Straßenbahn (-en), der Weg (-e), der Zug (¨e) ■ zu Fuß

F3 Unterwegs

WS Wie heißen die Wörter? Ergänzen Sie die fehlenden Vokale.

1. Die _Ampel_ ist gr_ü_n. Wir k_ö_nn_e_n g_e_h_e_n.
2. _A_m B_a_hnst_ei_g warten viele Leute _au_f die S-B_a_hn.
3. Wo ist der _Au_t_o_schl_ü_ss_e_l? Ich muss z_u_r P_o_st f_a_hr_e_n.
4. Die nächste H_a_lt_e_st_e_ll_e_ ist nicht weit. Da fahren d_ie_ B_u_ss_e_ 37 und 55.
5. _A_m R_a_th_au_s findet man keinen P_a_rkpl_a_tz.
6. Die U-Bahnst_a_t_io_n_e_n sind n_a_chts g_e_schl_o_ss_e_n.
7. Die F_u_ßg_ä_ng_e_rz_o_n_e_ beginnt hinter der Br_ü_ck_e_.
8. F_a_hr_e_n wir m_i_t dem F_a_hrr_a_d oder g_e_h_e_n wir z_u_ F_u_ß?

Stadt und Service F

F4 Wo gibt es …? Wechselpräpositionen *in, an, auf* … + Dativ

GR + WS Formulieren Sie Fragen und Antworten.

Wo	gibt es	Lebensmittel, Medikamente, Zeitungen	am Kiosk, an der Universität, an der Tankstelle,
	kann man	Bilder anschauen, Bücher kaufen, das Auto parken, spazieren gehen, studieren, tanken, Kaffee trinken	auf dem Parkplatz, in der Apotheke, in der Buchhandlung, im Café, im Museum, im Park, im Supermarkt
Wo	*gibt es*	*Lebensmittel?*	*Im Supermarkt.*

> **Aufgepasst!**
> Auf die Frage *Wo?* kann man mit *in, an, auf, über, unter, vor, hinter, zwischen* oder *neben* + Dativ antworten:
> **Wo** bist du? – **Im** Café. / **Am** Kiosk. / **Auf dem** Parkplatz.
> *In dem* und *an dem* können verkürzt werden: *in dem* → **im**, *an dem* → **am**
> Mit *Wo?* fragt man nach einem Ort. Typische Verben sind *sein* und *bleiben*:
> *Ich bin im Café. / Wir bleiben in der Stadt.*

F Stadt und Service

F5 Wohin gehst du?
Wechselpräpositionen *in, an, auf* ... + Akkusativ

GR Ergänzen Sie.

> auf die Bank • in den Park • in die Apotheke • ~~in die Bücherei~~ • ins Konzert • ins Krankenhaus

1. Ich möchte ein Buch ausleihen. Ich gehe *in die Bücherei*.
2. Oma ist krank. Wir fahren _____.
3. Paul braucht Medikamente. Er geht _____.
4. Opa will Geld holen. Er geht _____.
5. Am Sonntag wollen wir _____ gehen.
6. Maria geht jeden Tag mit dem Hund _____.

Aufgepasst!
Auf die Frage *Wohin?* kann man mit *in, an, auf, über, unter, vor, hinter, zwischen* oder *neben* + Akkusativ antworten: **Wohin** gehst du? – **Ins** Konzert. / **Auf die** Bank.
In das und *an das* können verkürzt werden: *in das* → **ins**, *an das* → **ans**
Mit *Wohin?* fragt man nach einer Richtung. Typische Verben sind *gehen* und *fahren*:
Wir gehen in den Park. / Wir fahren ins Krankenhaus.

die Apotheke (-n), die Buchhandlung (-en), die Bücherei (-en), das Konzert (-e), der Park (-s), die Tankstelle (-n), die Universität (-en) ▪ studieren, tanken

F

F6 Gehen oder bleiben? Präpositionen

GR Was ist richtig? Kreuzen Sie an. Es gibt pro Satz zwei Kreuze.

1. Ich fahre heute ⊠ mit dem ○ mit das Auto ○ im ⊠ ins Büro.
2. Zuerst bin ich ○ beim ○ zum Friseur und danach gehe ich ○ auf der ○ auf die Post.
3. Wir bleiben noch ○ bei ○ mit Vera und fahren später ○ zu ○ nach Hause.
4. Bringst du mich ○ am ○ zum Bahnhof oder soll ich ○ mit dem ○ mit das Taxi fahren?

F7 Wie komme ich zum Bahnhof? Wegbeschreibungen

GR + WS Schreiben Sie die Sätze richtig. Achten Sie auf die Satzzeichen.

Tourist 1: EntschuldigungwiekommeichzumBahnhof?

Entschuldigung, wie komme ich zum Bahnhof?

Passant 1: HieranderAmpellinksunddannimmergeradeausDerBahnhofistrechtsnebenderPost. _____

Tourist 2: EntschuldigungwoistdennhierinderNäheeineApotheke? _____

Passant 2: SehenSiedavorneanderEckedasHotelEuropa50MeterhinterdemHotelkommteineApotheke. _____

Tourist 3: EntschuldigungwogehteshierzurOper? _____

Passant 3: TutmirleiddasweißichnichtIchbinauchfremdhier. _____

---

die Ecke (-n), der Friseur (-e), die Oper (-n) ▪ zu Hause sein/bleiben, nach Hause gehen/fahren/kommen ▪ fremd ▪ da vorne/hinten, geradeaus, links, rechts

F8 Am Bahnhof

WS Was gehört zusammen? Verbinden Sie.

1. Vorsicht an Gleis 3. Bitte einsteigen.
2. Achtung eine Durchsage. Der Intercity 3512 von Berlin ...
3. Eine Fahrkarte nach Ingolstadt, bitte.
4. Fahrkarten gibt es am Automaten ...
5. Liebe Fahrgäste, willkommen in München. Sie haben Anschluss ...
6. Der Zug fährt nicht direkt.
7. Bitte alle aussteigen.
8. Auf dem Fahrplan steht: Ankunft 22:10 auf Gleis 1. Ist das richtig?

a) Einfach oder hin und zurück?
b) ... nach Ulm. Abfahrt 15:37 Uhr auf Gleis 5.
c) Sie müssen in Frankfurt umsteigen.
d) Der Zug fährt gleich ab.
e) Nein, heute auf Gleis 2, am Bahnsteig gegenüber.
f) Der Zug endet hier.
g) ... oder am Schalter.
h) ... kommt heute 10 Minuten später an.

1	2	3	4	5	6	7	8
d							

die Abfahrt (-en), die Ankunft (¨e), der Anschluss (¨e), der Automat (-en), die Durchsage (-n), der Fahrgast (¨e), der Fahrplan (¨e), der Schalter (-)
abfahren-fährt ab-ist abgefahren, ankommen-kommt an-ist angekommen, einsteigen-steigt ein-ist eingestiegen, umsteigen-steigt um-ist umgestiegen
direkt, einfach, hin und zurück

F9 Könnten Sie kurz kommen? Konjunktiv II in höflichen Fragen

GR Unterstreichen Sie die Konjunktivformen mit dem Infinitiv und ergänzen Sie die Tabelle.

1. <u>Könnten</u> Sie kurz <u>kommen</u>?
2. Würdest du bitte dein Handy ausmachen?
3. Könntet ihr bitte leise sein?
4. Könntest du mir vielleicht den Weg sagen?
5. Würden Sie bitte einen Moment warten?
6. Würdet ihr mir bitte helfen?

	Verb 1: könnte/würde		Verb 2: Infinitiv
du	K_____ W_____	_____ _____	_____ _____
ihr	K_____ W_____	_____ _____	_____ _____
Sie	Könnten Sie W_____	kurz _____	kommen? _____

👁 **Aufgepasst!**
In höflichen Ja-Nein-Fragen verwendet man *könnte/würde* (Konjunktiv II) + Infinitiv:
Könnten Sie mir **helfen?** / **Würdest** du mir **helfen?**
Könnte/würde steht auf Position 1, der Infinitiv am Ende der Frage.

F10 Ich habe eine Bitte. Konjunktiv II

GR Kreuzen Sie die richtige Verbform an.

1. ○ Könnte   ⊗ Könnten   Sie mich später noch einmal anrufen?
2. ○ Würden   ○ Würdest   du heute einkaufen gehen?
3. ○ Würde   ○ Würdet   ihr das Radio ausmachen?
4. ○ Könntest ○ Könntet   du das Auto tanken?
5. ○ Könnten ○ Könntet   ihr Oma am Bahnhof abholen?
6. ○ Würden   ○ Würdet   Sie bitte morgen vorbeikommen?

F11 In einer Stunde Zeitangaben mit *in, vor* und *nach*

GR Was ist richtig? Kreuzen Sie an.

1. Der Zug fährt in ⊠ einer ○ einem Stunde.
2. Vor ○ dem ○ die Frühstück macht sie Yoga.
3. Nach ○ das ○ dem Unterricht gehen wir zusammen etwas trinken.
4. In ○ ein ○ einem Monat sind Ferien.
5. In drei ○ Tagen ○ Tage habe ich Fahrprüfung.
6. Ich rufe dich nach ○ die ○ den Ferien mal an.
7. Wir sehen uns erst in ○ ein ○ einem Jahr wieder.
8. Nach ○ die ○ der Arbeit joggt sie.

Ergänzen Sie die fehlenden Artikel mit der richtigen Endung im Dativ.

	Maskulinum (m)	Femininum (f)	Neutrum (n)
Singular	in _____ Monat	in *einer* Stunde	in _____ Jahr
	vor/nach _____ Unterricht	vor/nach _____ Arbeit	vor/nach _____ Frühstück
Plural	in _____ Tagen		vor/nach _____ Ferien

Aufgepasst!
Auf die Frage *Wann?* kann man mit *in, vor* oder *nach* + Dativ antworten:
Wann kommst du? – **In** einer Stunde. / **Nach** dem Essen.
Wann war das? – **Vor** drei Tagen. / **Nach** den Ferien.
Im Dativ Plural erhalten die Nomen die Endung -n: *der Tag, die Tage → in drei Tagen*

F12 Ansagen und Durchsagen

WS Welches Wort gibt es nicht? Streichen Sie.

1. Ansage – Aussage – Durchsage – ~~Nachsage~~
2. ansehen – durchsehen – entsehen – aussehen
3. vorbeisitzen – vorbeikommen – vorbeibringen – vorbeigehen
4. Ankunft – Anzeit – Anruf – Anschluss

F

F13 Kaputt!

WS Wie kann man noch sagen? Verbinden Sie.

1. Der Drucker ist kaputt.
2. Könnten Sie mich bitte mit dem Kundenservice verbinden?
3. Wie lange dauert die Reparatur?
4. Bis wann können Sie einen Techniker schicken?
5. Wir melden uns bei Ihnen.
6. Der Computer ist in Ordnung.

a) Sie hören von uns.
b) Bis wann können Sie den Drucker reparieren?
c) Wie schnell kann der Techniker kommen?
d) Könnte ich den Kundenservice sprechen?
e) Der Computer funktioniert.
f) Der Drucker funktioniert nicht mehr.

1	2	3	4	5	6
f					

📖 der Computer (-), der Drucker (-), der Kundenservice, die Reparatur (-en), der Techniker (-)
funktionieren, reparieren, verbinden-verbindet-hat verbunden ■ kaputt

F14 Anrufbeantworter

WS Schreiben Sie die Wörter richtig.

1. Das ist der (schlussAn) _Anschluss_ von Familie Höfer. Wir sind (zeitzur)

   _____ nicht zu Hause. Bitte (senlasterhin) _____

   Sie eine Nachricht nach dem Ton.

2. Wir sind im (mentMo) _____ nicht (barreicher) _____.

   Bitte sprechen Sie Ihre (richtNach) _____ nach dem Signalton.

   Wir (fenru) _____ Sie zurück.

3. Leider (chenreier) _____ Sie uns im Moment nicht (lichsönper)

   _____. Ab (tagMon) _____ sind wir wieder für Sie da.

F15 Kundenservice und anderes

WS Was passt zusammen? Bilden Sie Komposita und ergänzen Sie den Artikel.

-anweisung • -kosten (Pl.) • -service • -stelle • -zone
Bahnhofs- • Bank- • Dienst- • Kunden- • Straßen-

1. _der_ Kunden_service_
2. _____ _____ leistung
3. _____ Gebrauchs_____
4. _____ _____ dienst
5. _____ Reparatur_____
6. _____ _____ bahn
7. _____ Halte_____
8. _____ _____ automat
9. _____ Fußgänger_____
10. _____ _____ kiosk

F16 Stress

WS Ergänzen Sie das passende Wort.

ab • erreiche • ins • kaputt • Kundendienst • lange • Stress • telefonieren • vor • wann

- Hallo Anja! Wie geht's? Wir haben uns so (1) _lange_ nicht gesehen.
- Hallo, Monika! Habe gerade viel (2) _____ und wenig Zeit. Können wir heute Abend mal in Ruhe (3) _____? Ich muss (4) _____ Büro.
- (5) ____ wann (6) _____ ich dich denn zu Hause?
- Ab halb fünf. Meine Waschmaschine ist (7) _____ und der (8) _____ kommt.

- Oje! Bis (9) _____ kann ich dich abends noch anrufen?
- Gern bis elf. Ich gehe nicht (10) _____ Mitternacht ins Bett!

F

Teste dich!

T1 Entschuldigung, wo ist denn hier …?

Ergänzen Sie die Präposition mit dem passenden Artikel.

1. … die Fußgängerzone? – Sie beginnt gleich _am_ (an) Bahnhof. _____ (zu) Bahnhof und _____ (zu) Fußgängerzone sind es fünf Minuten zu Fuß.

2. … der Kindergarten? – Da vorne _____ _____ (an) U-Bahnstation müssen Sie rechts gehen. Der Kindergarten kommt gleich _____ _____ (hinter) Supermarkt.

3. … das Stadtmuseum? – Gehen Sie _____ (zu) Rathausplatz. Das Museum ist links _____ _____ (neben) Kirche.

4. … das Schwimmbad? – Da müssen Sie vier Stationen _____ _____ (mit) Bus fahren. Das Schwimmbad ist _____ _____ (vor) Brücke.

T2 Urlaubspläne

Ergänzen Sie die passende Präposition *bei, in, mit, nach, vor* oder *zu* mit oder ohne Artikel.

Herr H.: Im Sommer fahren wir (1) _mit der_ Familie (2) ___d___ Schweiz.

(3) ___d___ Schweiz kann man super wandern. Wir nehmen auch die Fahrräder mit.

(4) _____d___ Auto und _d___ Fahrrädern sind wir flexibel. Wir wohnen natürlich (5) ___e_____ Ferienwohnung. Die Schweiz ist teuer! Vier Personen

(6) _i__ Hotel … Das geht nicht.

Frau G.: Ich mache (7) _m___ e_____ Freundin Urlaub. Unsere Männer müssen

(8) ___ Hause bleiben. Wir fahren (9) _____d___ Zug (10) _____ Wien und wohnen dort (11) _____e_____ Freund. Wir möchten unbedingt (12) _i__ Burgtheater gehen. Waren Sie schon einmal (13) _i__ Burgtheater?

Frau R.: Ich war schon (14) _i__ Urlaub! Heute (15) _____e_____ Woche sind wir

(16) _____ Hause zurückgekommen. Mein Mann und ich waren (17) ___d___ USA.

76 F Stadt und Service

T3 Notfall

Ergänzen Sie das passende Wort.

an • Autobahn • bis • Büro • dem • dir • im • ins • könntest • mit • morgen • nach • Reparatur • ~~seit~~ • Sport • Werkstatt • Woche • zur

Liebe Irena,

ich bin (1) _seit_ gestern ohne Auto. Mein Auto ist in der (2) _____. Jetzt habe ich eine Frage (3) ____ dich: Hast du morgen Zeit? (4) _____ du mich vielleicht (5) _____ der Arbeit im (6) _____ abholen? Dann können wir zusammen (7) _____ Fitnessstudio fahren. Mit (8) _____ Bus ist es eine Weltreise! Nach dem (9) _____ holt mich dann mein Mann (10) ____ Fitnessstudio ab.

Das ist passiert: Ich hatte auf der (11) _____ plötzlich ein Problem (12) ____ dem Motor. Es war schlimm und ich bin direkt (13) _____ Werkstatt gefahren. Der Motor ist kaputt! Die (14) _____ dauert (15) _____ Freitag in einer (16) _____.

Na ja! Jetzt fahre ich mit dem Rad oder mit dem Bus oder mit (17) _____!

Bis (18) _____, Martina

T4 Im Klassenzimmer

Formulieren Sie höfliche Fragen im Konjunktiv II.

1. Sie – erklären – die Grammatik – uns – noch einmal:

    Könnten Sie uns noch einmal die Grammatik erklären?

2. du – zumachen – das Fenster – bitte:

    Würdest _____

3. ihr – ausmachen – eure Handys – bitte mal:

    W _____

4. du – kommen – nach dem Unterricht – zu mir – kurz:

    K _____

Stadt und Service F

G Kleidung und Feste

G1 Die Blumen sind für dich. Personalpronomen im Akkusativ

GR Ergänzen Sie das passende Personalpronomen.

~~dich~~ • es • euch • ihn • mich • sie (2x) • Sie • uns

1. Du hast heute Geburtstag. Die Blumen sind für _dich_.
2. Ich liebe Pralinen. Sind die Pralinen für _____?
3. Herr Steger, das Buch ist für _____. Oder haben Sie ____ schon?
4. Peter liebt Laura. Er will _____ heiraten.
5. Aber Laura liebt Max. Sie kann _____ nicht vergessen.
6. Bald ist die Hochzeit von Tom und Sina. Wir brauchen ein Geschenk für _____.
7. Wir wohnen jetzt in Wien. Besuch _____ doch mal!
8. Bitte wartet kurz. Gleich habe ich Zeit für _____.

Ergänzen Sie die Personalpronomen im Akkusativ.

	Nominativ → Akkusativ				
Singular	ich → _mich_	du → ____	er → ____	sie → ____	es → ___
Plural	wir → ____	ihr → ____	sie → ____	Sie → ____ (Sg.+Pl.)	

G2 Alles Gute!

WS Was kann man wünschen? Schreiben Sie die Wörter richtig.

1. (lesAl teGu) _Alles Gute_ zum Geburtstag!
2. (enlichHerz wunschGlück) _____ zur Hochzeit!
3. (heFro) _____ Weihnachten! (heFro) _____ Ostern!
4. (tesGu esneu) _____ Jahr!
5. (tionlatuGra) _____ zum Führerschein!
6. Wir (renlietugra) _____ zum Abitur!
7. Ich (schewün) _____ dir Gesundheit und Glück!
8. (teGu) _____ Besserung!

G3 Das Geschenk gefällt mir. Personalpronomen im Dativ

GR Was gehört zusammen? Ordnen Sie zu. Unterstreichen Sie die Verbformen mit den Dativpronomen.

1. Danke für das Geschenk.
2. Das ist Pia.
3. Schmeckt das Essen?
4. Dein Kleid sieht super aus.
5. Der Anzug ist leider teuer.
6. Kinder lieben Süßigkeiten.
7. Wie findet ihr die Fotos?
8. Hier sind zwei Jacken für Felix.

a) Es steht dir wirklich gut.
b) Aber er passt Ihnen perfekt.
c) Ihr gehört der Koffer.
d) Es schmeckt uns sogar sehr gut.
e) Es gefällt mir.
f) Hoffentlich passen sie ihm.
g) Schokolade schmeckt ihnen immer.
h) Gefallen sie euch?

1	2	3	4	5	6	7	8
e							

Ergänzen Sie die Personalpronomen im Dativ.

	Nominativ → Dativ			
Singular	ich → *mir*	du → ___	er/es → ___	sie → ___
Plural	wir → ___	ihr → ___	sie → ___	Sie → ___ (Sg.+Pl.)

Aufgepasst!
Bei Verben wie *gefallen, gehören, passen, stehen, schmecken* steht die Person, der etwas gefällt, gehört usw. im Dativ:
*Das Buch gefällt **mir**. / **Mir** gefällt das Buch.*
Das Verb kann im Singular oder Plural stehen:
*Das Buch **gehört** meinem Vater. / Die Bücher **gehören** meinem Vater.*

---

der Anzug (⁼e), das Geschenk (-e), die Jacke (-n), das Kleid (-er), der Koffer (-)
finden-findet-hat gefunden, gefallen-gefällt-hat gefallen, gehören, passen, schmecken, stehen-steht-hat gestanden

G4 Welcher Rock gefällt dir? Frageartikel *welcher* und Demonstrativartikel *dieser/der (da)* im Nominativ

GR+WS Formulieren Sie Fragen und Antworten mit *welcher, dieser* oder *der (da)* im Nominativ.

Welcher Welche Welches Welche	Rock, Kleid, Jeans, Schuhe *(Pl.)*, Hemd, Bluse, Pullover, Hose, Mantel, T-Shirts *(Pl.)* Halstuch, Socken *(Pl.)*	gefällt dir gefallen dir	dieser diese dieses diese	der (da) die (da) das (da) die (da)
Welcher	*Rock*	*gefällt dir?*	*Dieser. / Der da.*

Ergänzen Sie die Formen von *welcher, dieser* und *der (da)* im Nominativ.

	Maskulinum (m)	**Femininum (f)**	**Neutrum (n)**
Singular	*Welcher* Rock? – *Dieser*. / *Der* (da).	_____ Hose? – _____ . / _____ (da).	_____ Kleid? – _____ . / ____ (da).
Plural	_____ Schuhe? – _____ . / _____ (da).		

G5 Welchen Gürtel soll ich nehmen?
welcher und *dieser/der (da)* im Akkusativ

GR Ergänzen Sie *welcher, dieser* oder *der (da)* im Akkusativ.

> das • ~~den da~~ • den da • die da (3x) • diese (3x) • ~~diesen~~ • diesen • dieses • welche (2x) • ~~welchen~~ • welchen

1. _Welchen_ Gürtel soll ich nehmen? _Diesen_ hier oder _den da_?
2. Wie findest du _____ Schuhe? – _____ Schuhe meinst du? _____?
3. Meine Mutter möchte _____ Tuch zu Weihnachten. _____ kaufe ich jetzt.
4. Hast du _____ Brille gesehen? – _____? _____ im Fenster ___?
5. Findest du _____ Schirm schön? _____ Schirm soll ich kaufen?
   Vielleicht _____?
6. Ich nehme _____ Strümpfe und dann noch _____ Socken ___.

Ergänzen Sie die Formen von *welcher, dieser* und *der (da)* im Akkusativ.

	Maskulinum (m)	Femininum (f)	Neutrum (n)
Singular	_Welchen_ Gürtel? – _Diesen_. / _Den_ (da).	_____ Brille? – _____. / _____ (da).	Welches Tuch? – _____. / _____ (da).
Plural	_____ Strümpfe? – _____. / _____ (da).		

👁 **Aufgepasst!**
Die Formen von *welcher, dieser* und *der (da)* sind im Nominativ und Akkusativ fast gleich.
Nur der **Akkusativ Singular Maskulinum** erhält eine andere Endung:
welcher/dieser/der (Nominativ) → *welch**en**/dies**en**/den* (Akkusativ)

📖 die Bluse (-n), die Brille (-n), der Gürtel (-), das Hemd (-en), die Hose (-n), die Jeans (-), der Mantel (¨), der Pullover (-), der Rock (¨e), der Schirm (-e), der Schuh (-e), der Socke (-n), der Strumpf (¨e), das T-Shirt (-s), das Tuch (¨er)

Kleidung und Feste **G** 81

G6 Kleidung und Co.

WS Was passt zusammen? Bilden Sie Komposita und ergänzen Sie den Artikel.

-anzug- • -hose • -schirm • -schuhe (Pl.)
Abend- • Mini- • Sonnen- • Winter-

1. _der_ Hosen _anzug_
2. _____ _____ brille
3. _____ Regen _____
4. _____ _____ kleid
5. _____ _____ jacke
6. _____ Sommer _____
7. _____ _____ rock
8. _____ Strumpf _____

G7 Im Kaufhaus

WS Ergänzen Sie das passende Verb in der richtigen Form.

~~finden~~ • finden • gefallen (2x) • passen (3x) • stehen

- Wie (1) _findest_ du den Pullover hier? Nicht schlecht, oder?
- Mir (2) _____ er. Probier ihn doch mal an! Er muss ja auch (3) _____.
- Schau doch! Der Pullover sieht super aus und (4) _____ mir wirklich gut. Nicht zu groß und nicht zu klein, (5) _____ du nicht?
- Ja, der Pullover (6) _____ und die Farben (7) _____ dir. Den musst du kaufen!
- Die Farben (8) _____ mir auch. Was kostet der Pulli eigentlich?

der Pulli (-s) = der Pullover ■ anprobieren, aussehen-sieht aus

G Kleidung und Feste

G8 Wer mag wen (nicht)? *mögen* und *wissen* im Präsens

GR Ergänzen Sie die richtige Verbform.

> ~~mag~~ • mag (3x) • ~~magst~~ • mögen (3x) • mögt
> ~~weiß~~ • weiß • weißt • wissen • wisst

1. Ich _mag_ dich und du _magst_ mich. Das _weiß_ jeder.
2. Wir _m_____ unsere Lehrerin und sie _m_____ uns auch. Das _w_____ ihr ja!
3. Unsere Nachbarn _m_____ uns nicht. Wir _w_____ nicht, warum.
4. Ihr _m_____ ihn nicht und ich _m_____ ihn auch nicht.
5. _M_____ Sie Ihre Nachbarn? – Ich _w_____ nicht.
6. Er _m_____ uns alle nicht. _W_____ du das nicht?

Ergänzen Sie die Verbformen von *mögen* und *wissen* im Präsens.

1. ich _mag_ 2. du _____ 3. er/sie/es _____
4. wir _____ 5. ihr _____ 6. sie/Sie _____

1. ich _weiß_ 2. du _____ 3. er/sie/es _____
4. wir _____ 5. ihr _____ 6. sie/Sie _____

> **Aufgepasst!**
> Bei den Modalverben und bei *wissen* sind die 1. und 3. Person Singular Präsens gleich:
> mögen → ich **mag** – er/sie/es **mag**, wissen → ich **weiß** – er/sie/es **weiß**
> Der Plural ist regelmäßig: *wir mögen* usw., *wir wissen* usw.

mögen-mag-hat gemocht, wissen-weiß-hat gewusst

G9 Lieber ins Theater Komparation *gut*, *gern* und *viel*

GR Was gehört zusammen? Verbinden Sie. Unterstreichen Sie *gut*, *gern*, *viel* und die Komparativformen.

1. Kannst du gut schwimmen?
2. Ich mag die Berge sehr gern.
3. Thomas muss viel für die Schule lernen.
4. Der Film hat mir gut gefallen.
5. Wir gehen gern ins Kino,
6. Mein Vater hat immer viel gelesen,

a) Mein Mann mag lieber Meer und Strand und die Kinder sind am liebsten im Wald.
b) Aber das Buch finde ich besser.
c) aber fast noch lieber ins Theater und am liebsten in die Oper.
d) Ja, aber Hannes kann besser schwimmen und am besten schwimmst du.
e) meine Mutter noch mehr, aber am meisten hat mein Opa gelesen.
f) Sein Bruder muss noch mehr lernen und am meisten muss seine Schwester lernen.

1	2	3	4	5	6
d					

Ergänzen Sie die fehlenden Formen.

	gut		
Komparativ		lieber	
Superlativ			am meisten

der Berg (-e), das Ende, das Meer (-e), der Strand (¨e), der Wald (¨er)
lesen-liest-hat gelesen

G10 Monate und Feste

WS Wie heißen die Monate und Feste? Ergänzen Sie die fehlenden Vokale.

1. Im D_ez_emb_e_r feiert man in Deutschland W_e_ihn_a_cht_e_n.

2. __st__rn ist im M__rz, manchmal erst im __pr__l.

3. Im F__br____r ist K__rn__v__l. In Bayern heißt er F__sch__ng.

4. Unsere H__chz____t war im M____. Meine Schwester hat im J__n__ geheiratet.

5. Im J__l__, ____g__st oder S__pt__mb__r sind S__mm__rf__r____n.

6. Wer hat im J__n____r G__b__rtst__g?

7. Welche F__st__ gibt es im __kt__b__r oder N__v__mb__r?

8. Und wann ist S__lv__st__r, wann N____j__hr?

---

der Fasching, die Ferien *(Pl.)*, das Fest (-e), der Geburtstag (-e), die Hochzeit (-en), der Karneval, (das) Neujahr, (das) Ostern, (das) Silvester, (das) Weihnachten
der Monat (-e): der Januar/Februar/März/April/Mai/Juni/Juli/August/September/Oktober/November/Dezember ■ im Januar
feiern, heiraten

Kleidung und Feste **G**

G11 Wir feiern heute, denn ich habe Geburtstag.
Konjunktionen *denn* und *aber*

GR Ergänzen Sie *denn* oder *aber*.

1. Wir feiern heute, _denn_ ich habe Geburtstag.
2. Ich habe heute Geburtstag, _____ ich feiere erst am Samstag.
3. Die Kinder lieben Weihnachten, _____ da gibt es Geschenke.
4. Danke für die Einladung zu Silvester, _____ wir sind nicht da.
5. Heute Abend ist das Sommerfest, _____ leider regnet es.
6. Wir haben für euch gekocht, _____ ihr seid heute unsere Gäste.

Aufgepasst!
Die Konjunktionen *denn* und *aber* leiten Hauptsätze ein. Sie stehen auf Position 0, das Verb auf Position 2:
Ich habe Geburtstag. → Wir feiern heute, (0) **denn** (1) ich (2) **habe** Geburtstag.
Niemand gratuliert. → Ich habe heute Geburtstag, (0) **aber** (1) niemand (2) **gratuliert**.
Denn gibt einen Grund an, *aber* einen Gegensatz oder eine Einschränkung.

G12 Ich werde im Mai 18! *werden* im Präsens

GR Wie heißen die Verbformen? Schreiben Sie die Wörter richtig.

1. Ich (dewer) _werde_ im Mai 18! Wann (tsriw) _____ du 18 Jahre?
2. Meine Schwester (driw) _____ im Juni 20.
3. Mein Mann und ich (denwer) _____ bald 40 Jahre alt.
4. Und ihr? Wie alt (detwer) _____ ihr dieses Jahr?

Ergänzen Sie die Verbformen von *werden* im Präsens.

1. ich _werde_
2. du _____
3. er/sie/es _____
4. wir _____
5. ihr _____
6. sie/Sie werden

die Einladung (-en), der Gast (¨e) ■ werden-wird-ist geworden

G13 Nationalfeiertag Ordinalzahlen und Datum

GR Ergänzen Sie die passende Ordinalzahl.

> ~~dritte~~ • ~~dritten~~ • erste • ersten • fünften • siebten • vierten • zweite • zweiten

1. Heute ist der 3./ _dritte_ Oktober. Was feiert man in Deutschland am 3./ _dritten_ Oktober?

2. Heute ist der 1./_____ Januar. Am 1./_____ Januar beginnt das neue Jahr.

3. Morgen ist der 2./_____ Januar. Vom 2./_____ bis zum 7./_____ Januar habe ich Urlaub.

4. Am 4./_____ oder 5./_____ Juni möchten wir euch gern zu uns einladen.

Aufgepasst!
Das Datum bildet man mit Ordinalzahlen:
*Welcher Tag ist heute? – Heute ist der **1./erste** März.* (Nominativ)
*Wann hast du Geburtstag? – Am **2./zweiten** März.* (an + Dativ)

---

beginnen-beginnt-hat begonnen, einladen-lädt ein-hat eingeladen
der erste/zweite/dritte/vierte/fünfte/sechste/siebte/achte/neunte/zehnte usw.
der zwanzigste/einundzwanzigste usw., der dreißigste, einunddreißigste

G14 Geburtstag und Abschied Einladungen

GR + WS Schreiben Sie die Sätze richtig.

Geburtstag: OpawIrd80JahrealtunddaswollenwIrfeiern!WirladenalleVerwandten undBekanntenzuunsnachHauseein.BittegebtkurzBescheid.Wirfreuenuns!

Opa wird 80 Jahre alt und das wollen wir feiern!

_____

Abschied: LiebeKollegen,morgenfeiereichmeinenAbschiedmitSektundKuchen. AllesindherzlicheingeladenIEuerLuis _____

_____

Kleidung und Feste **G**

Teste dich!

T1 Shopping in der Stadt

Ergänzen Sie das passende Personalpronomen im Akkusativ oder Dativ.

1. Die Kleider hier gefallen _mir_ (ich) nicht. Ich finde _sie_ langweilig.
2. Schau mal, ich habe eine Hose für _____ (du) gefunden. – Gefällt sie _____?
3. Die Schuhe passen _____ (Tochter) nicht und die Jacke passt _____ (Sohn) nicht.
4. Die Karte für _____ (Rob) haben wir. Jetzt brauchen wir noch ein Geschenk für _____ (Sarah).
5. Wir kaufen für _____ (die Kinder) Schokolade. Die schmeckt _____ bestimmt!
6. Ich habe _____ (ihr) die ganze Zeit gesucht. – Du hast _____ (wir) gesucht? Wir waren schon an der Kasse und haben gezahlt. Tut _____ (wir) leid!

T2 Silvester

Ergänzen Sie das passende Wort in der richtigen Form.

am besten • am liebsten • Bekannte • Einladung • gern • lieber • mehr • mit • mögen • organisieren • Sekt • ~~Silvester~~ • Spaß • zu

Betty: Dieses Jahr möchten wir (1) _Silvester_ zu Hause feiern. Klara und ich (2) _____ eine Hausparty. Wir laden Freunde und (3) _____ ein und kaufen Bier, Wein und (4) _____.

Andi: Eigentlich (5) _____ ich Silvester nicht. Weihnachten mag ich viel (6) _____. An Silvester ist natürlich (7) _____ los.

Nathalie: Ich habe schon zwei (8) _____ zu Silvester. Ich gehe (9) ___ einer Freundin. Da tanzen wir. Ich tanze doch so (10) _____, (11) ___ _____ Salsa!

Marvin: Silvester feiere ich immer (12) _____ Freunden. Das gefällt mir (13) ___ _____. Wir essen zusammen und haben (14) viel _____.

88 G Kleidung und Feste

T3 Glückwünsche und mehr

Formulieren Sie Glückwünsche.

1. wünschen (ich) – dir – Geburtstag – alles Gute: _Ich wünsche dir alles Gute zum Geburtstag._
2. gratulieren (wir) – Ihnen – Geburtstag: _____.
3. Weihnachten – froh – und – Jahr – gut – neu: _____!
4. wünschen (wir) – euch – Glück – viel: _____.
5. gratulieren (wir) – euch – Hochzeit – und – wünschen – euch – alles Gute: _____.
6. Glückwunsch – herzlich – Führerschein: _____!
7. wünschen (ich) – dir – Besserung – gut: _____.

T4 Welches Buch gefällt dir am besten?

Formulieren Sie Fragen mit *welcher*.

1. Das Buch hier gefällt mir am besten. – _Welches Buch gefällt dir am besten?_
2. Ich möchte diese DVD kaufen. – _____
3. Diesen Film möchten wir unbedingt einmal sehen. – _____
4. Das Handy war sehr teuer. – _____
5. Diese Handschuhe mag Marina am liebsten. – _____
6. Dieser Mantel ist mein Lieblingsmantel. – _____
7. Andreas will das Auto nicht kaufen. – _____
8. Omas Kekse schmecken am besten. – _____

Kleidung und Feste G

Lösungen

A Begrüßung und Familie

A1 Ich bin Emma.
2a 3c 4f 5d 6e
2. bist 3. ist 4. sind 5. seid 6. sind

A2 Willkommen!
2. Guten Tag! 3. Grüß Gott! 4. Guten Abend!
5. Gute Nacht! 6. Willkommen! 7. Hallo! 8. Tschüs!
9. Auf Wiedersehen! 10. Auf Wiederhören!

A3 Ich heiße Regine.
2. heißt 3. kommt 4. kommt 5. wohnen 6. wohnt
7. lernen 8. lernt 9. leben 10. leben
2. komm*st* 3. komm*t* 4. komm*en* 5. komm*t*
6. komm*en*
2. heiß*t* 3. heiß*t* 4. heiß*en* 5. heiß*t* 6. heiß*en*

A4 Wer spricht was?
2. sprichst 3. spricht 4. spricht 5. sprechen
6. sprecht 7. sprechen 8. sprechen

A5 Elena
(2) kommt (3) wohnt (4) leben (5) lernt (6) ist
(7) spricht (8) sprechen

A6 Städte
2. ist die Hauptstadt von Österreich. 3. liegt in der Schweiz. 4. liegt im Westen von Deutschland. 5. liegt im Osten von Deutschland. 6. liegen im Süden von Deutschland.

A7 Wo spricht man was?
2. Französisch 3. Arabisch 4. Polnisch 5. Türkisch
6. Deutsch 7. Deutsch 8. Russisch 9. Italienisch
10. Ungarisch 11. Englisch 12. Farsi

A8 Adressenliste
2. Vorname 3. Straße 4. Hausnummer 5. Postleitzahl
6. Ort 7. Land 8. Telefon 9. E-Mail

A9 In Deutschland
2. in der Türkei, in Deutschland 3. im Iran, in Österreich 4. aus Syrien, in der Schweiz 5. in Deutschland, in Österreich 6. in den Niederlanden, in Belgien
7. aus der Schweiz, in den USA 8. in der Ukraine, in Schweden 9. aus dem Irak, im Libanon

A10 Wer sind Sie?
2b/2c 3e 4a 5c/5b 6d

A11 Haben Sie Kinder?
1. habe 2. hast 3. hat 5. haben 6. habt 7. haben
8. Haben

A12 Sie sind verheiratet.
2. Sie 3. Er 4. Sie 5. Er 6. Sie

A13 Meine Familie
(2) Meine (3) mein (4) mein (5) meine (6) meine
(7) mein (8) meine (9) mein (10) Meine (11) mein
(12) meine (13) meine (14) meine
Sg. f: meine **Sg. n:** mein **Pl.:** meine

A14 Deine Familie
2. Ihre 3. Ihre 4. Ihre 5. dein, deine 6. deine
7. deine 8. Ihre, Ihre
Sg. f: deine/Ihre **Sg. n:** dein/Ihr
Plural: deine/Ihre

A15 Familienmitglieder
2. ~~Geschwister~~ 3. ~~Tochter~~ 4. ~~Ehemann~~ 5. ~~Freunde~~

A16 Hallo!
2. Wie, es 3. Entschuldigung 4. willkommen 5. ein bisschen, Schön 6. sehr gut, Interessant 7. Tut … leid, weiß 8. Vielen Dank 9. stimmt. 10. Moment bitte, sofort.

T1 Mini-Dialog
(2) Wer bist du? (3) Mein Name ist Mirko. (4) Ich bin aus Kroatien. (5) Meine Schwester wohnt auch hier. (6) Wie alt bist du und (7) wie alt ist dein Bruder? (8) Wir wohnen zusammen.

T2 Fragen und Antworten
2h Wie 3d Was 4g Woher 5a Wie 6b Wo 7f Was
8c Wie

T3 Ich heiße Zita.
(2) komme (3) ist (4) kommt (5) ist (6) sind
(7) lebt (8) wohnt (9) bin (10) wohnen (11) haben
(12) ist (13) sprechen (14) spreche

T4 Familie Gruber
(2) aus (3) ist (4) in (5) liegt (6) Jahre (7) Sie
(8) heißen (9) Lehrerin (10) spricht (11) Ihre
(12) ein bisschen (13) international

B Wohnen und Einkaufen

B1 Das ist (k)eine Tomate.
2. ein, kein, eine Orange 3. eine, keine, ein Ei
4. ein, kein, eine Kartoffel 5. keine
Sg. f: eine/keine **Sg. n:** ein/kein **Pl.:** keine

B2 Äpfel und Birnen
1. Birnen 2. Kartoffeln, Nudeln 3. Bananen, Orangen
4. Joghurts, Zitronen 5. Semmeln, Brötchen

B3 Wohnungen
-(e)n: Betten: das Bett, Duschen: die Dusche, Garagen: die Garage, Küchen: die Küche, Lampen: die Lampe, Matratzen: die Matratze, Terrassen: die Terrasse, Toiletten: die Toilette, Wohnungen: die Wohnung
- e/¨e: Flure: der Flur, Herde: der Herd, Räume: der Raum, Regale: das Regal, Schränke: der Schrank, Stühle: der Stuhl, Teppiche: der Teppich, Tische: der Tisch
- er/¨er: Häuser: das Haus
- /¨: Gärten: der Garten, Keller: der Keller, Sessel: der Sessel, Zimmer: die Zimmer
-s: Sofas: das Sofa

B4 Lebensmittel
2. Obst 3. Gemüse 4. Milchprodukte 5. Getränke
6. Süßigkeiten

B5 Orangensaft und Schokoladenkuchen
2. der Milchkaffee 3. das Käsebrot 4. die Fleischwurst 5. der Schokoladenkuchen 6. der Kühlschrank 7. der Computertisch 8. das Gartenhaus 9. die Schreibtischlampe 10. der Wohnzimmerteppich

B6 Was möchten Sie trinken?
2. möchtet 3. möchten 4. möchte 5. Möchtest 6. möchten
2. möchtest 3. möchte 4. möchten 5. möchtet 6. möchten

B7 Ist das die Küche?
2. Ist 3. Sind 4. Ist 5. Gefällt 6. Brauchen 7. Ist 8. Ist

B8 Was brauchen wir?
2. Mehl 3. Joghurt 4. Kekse 5. Zucker 6. Milch 7. Kartoffeln 8. Mais 9. Oliven 10. Schokolade

B9 Einkaufen und zahlen
2a 3h 4c 5d 6e 7b 8f

B10 An der Käse- und Wursttheke
K: Ich hätte gern 300 Gramm Käse. V: Sehr gern. Der Emmentaler hier ist im Angebot. Er kostet nur 99 Cent. K: Gut. Das ist nicht teuer. Dann möchte ich 500 Gramm. V: Gern. Sonst noch etwas? Vielleicht Wurst oder Schinken? K: Danke, nein. Das ist alles für heute.

B11 Möbel und mehr
2. ~~Fernseher~~ 3. ~~Dusche~~ 4. ~~Pralinen~~ 5. ~~Kühlschrank~~ 6. ~~Spülmaschine~~

B12 Groß oder klein?
2. alt: neu 3. schmal: breit 4. teuer: billig 5. hässlich: schön 6. dunkel: hell 7. klein: groß 8. billig: teuer 9. hell: dunkel 10. breit: schmal 11. schön: hässlich 12. neu: alt

B13 Sie ist schön.
2. das: es 3. die: Sie 4. die: sie 5. Die: Sie 6. der: Er 7. mein: er 8. eine: sie 9. das: Es 10. Der: Er 11. der, die: Sie 12. Das: Es
Sg. f: sie Sg. n: es Pl.: sie

B14 Wie gefällt Ihnen …?
Mögliche Lösungen:
Wie gefallen Ihnen die Möbel? Sehr gut.
Wie gefällt dir das Sofa? Nicht so gut.
Wie gefällt Ihnen mein Zimmer? Gut.
Wie gefallen dir die Häuser? Geht so.
Wie gefällt dir der Garten? Ganz gut.

B15 Das ist nicht teuer.
2. Das stimmt doch *nicht*. 3. Die Wohnung gefällt mir *nicht* so gut. 4. Das Bad ist *nicht* sehr hell. 5. Wir wohnen *nicht* in München. 6. Meine Familie ist *nicht* groß.

B16 Welche Farbe hat …?
Mögliche Lösungen:
Welche Farbe hat die Lampe? Sie ist gelb.
Welche Farbe hat der Teppich? Er ist dunkelblau.
Welche Farbe haben die Stühle? Sie sind braun.
Welche Farbe haben die Regale? Sie sind weiß.
Welche Farbe hat das Bad? Es ist hellgrau.

B17 Mein Zimmer
(2) Meter (3) breit (4) mal (5) hoch (6) bezahle (7) Miete (8) Wie

T1 Meine Wohnung
(2) Sie (3) teuer (4) Zimmer (5) Schreibtisch (6) Die (7) das (8) Dusche (9) keine (10) ist (11) kein (12) sind (13) der (14) gefällt

T2 Keine Frage!
3. kein, keine 4. kein 5. nicht 6. nicht 7. nicht 8. kein 9. nicht 10. keine 11. kein 12. nicht

T3 Meine Fragen …
2. Wie teuer ist Schokolade in Deutschland? 3. Sind die Stühle neu? 4. Wie groß ist dein Zimmer? 5. Kann ich dir helfen? 6. Wo sind hier die Toiletten? 7. Welche Farbe hat dein Schrank? 8. Gefallen Ihnen die Möbel nicht?

T4 … und hier die Antworten
a) sie b) Sie c) keine d) Mein e) Es g) Sie h) Es
2b 3a 4h 5e 6c 7d 8g

C Alltag und Freizeit

C1 Sie isst gerade.
2. essen 3. Esst 4. esse 5. Esst 6. isst 8. schläft 9. schlafe 10. Schläfst 11. schlaft 12. schlafen
2. isst 3. isst 4. essen 5. esst 6. essen
2. schläfst 3. schläft 4. schlafen 5. schlaft 6. schlafen

C2 Und du?
2e 3a 4b 5d

C3 Laras und Peters Woche
(3) am Donnerstag (4) Am Dienstag (5) Am Mittwoch (6) Freitag (7) Am Wochenende (8) Am Vormittag (9) am Nachmittag (10) Am Abend (11) in der Nacht (12) Am Morgen

C4 Eine Pizza oder einen Hamburger?
2. das 3. den, das 4. eine, einen, ein 5. keinen, einen 6. ein 7. keine, keine 8. einen, den

		Akkusativ
Sg.	m	den/einen/keinen Kuchen
	f	die/eine/keine Pizza
	n	das/ein/kein Bier
Plural		die/–/keine Getränke

2. nimmst 3. nimmt 4. nehmen 5. nehmt 6. nehmen

C5 Wann arbeitest du?
2. arbeitest 3. arbeitet 4. arbeitet 5. arbeiten 6. arbeitet 7. arbeiten 8. Arbeiten

C6 Wie findest du den Film?
Mögliche Lösungen:
Wie findest du das Fahrrad?
Wie findest du die Stadt?
Wie findest du den Kaffee?
Wie findest du den Lehrer?

Ich finde das Fahrrad schön.
Ich finde die Stadt interessant.
Ich finde den Kaffee sehr gut.
Ich finde den Lehrer nett.

C7 Sie räumt nie auf.
2. mitkommen: komme ... mit 3. fernsehen: sehe ... fern 4. einkaufen: kaufe ... ein 5. anschauen: schauen ... an 6. anfangen: fange an 7. aufstehen: stehen ... auf 8. anrufen: rufe ... an 9. losgehen: gehen ... los 10. zurückkommen: komme ... zurück 11. abholen: holt ... ab 12. losfahren: fahren ... los

C8 Wie ist das Wetter?
2e 3a 4d 5b
bewölkt: Wolken   Sonne: sonnig   windig: Wind
regnet: Regen

C9 Jahreszeiten und mehr
1. Temperaturen 2. Winter, Sommer 3. Herbst, Wetter 4. bleibt, warm 5. heiß, Grad 6. minus

C10 Wie spät ist es?
2. ~~halb acht~~ 3. ~~Viertel nach zwei~~ 4. ~~Viertel nach zehn~~ 5. ~~sechs Uhr zwanzig~~ 6. ~~kurz nach elf~~

C11 Wann öffnen die Geschäfte?
2. bis, von...bis 3. um 4. Am 5. am, am, um 6. in der, am, um 7. bis, von...bis 8. von...bis

C12 Wann stehst du endlich auf?
2. räumst ... auf 3. kaufst ... ein 4. fängt ... an 5. fahren ... los 6. rufst ... an

C13 Kommst du nicht mit?
2. ~~Doch.~~ 3. ~~Doch, natürlich.~~ 4. ~~Ja, okay.~~ 5. ~~Doch, klar.~~ 6. – ~~Ja, vielleicht.~~

C14 Hobbys
2. ~~Filme~~ 3. ~~Internet~~ 4. ~~im Wohnzimmer~~ 5. ~~einen Ausflug~~ 6. ~~im Garten~~ 7. ~~einen Kuchen~~ 8. ~~Nudeln~~

C15 Hast du ein Lieblingsessen?
2. Hast du eine Lieblingsstadt? – Nein, ich habe keine Lieblingsstadt, aber ein Lieblingsland:
3. Hast du ein Lieblingsbuch? – Nein, ich habe kein Lieblingsbuch, aber einen Lieblingsfilm:
4. Hast du ein Lieblingslied? – Nein, ich habe kein Lieblingslied, aber eine Lieblingssängerin:

C16 In der Freizeit
2f 3a 4b 5e 6d

C17 Jeden Tag
2. Jeden 3. jedes 4. Jeden 5. jede 6. jeden

T1 Wir backen einen Obstkuchen.
(2) kommen (3) kaufe ... ein (4) Was (5) keine (6) keinen (7) Äpfel (8) einen (9) Lieblings- (10) fahre ... los.

T2 Wer macht was und wann?
Mögliche Lösungen:

Am Dienstag	spielt Lisa	Tennis.	
Am Nachmittag	macht Hans	Hausaufgaben.	
Am Freitag	kaufen wir	zusammen	ein.
Am Abend	sieht Oma	immer	fern.
Am Wochenende	rufe ich	meine Eltern	an.
In der Nacht	gehst du	gern	tanzen.
Am Sonntag	schauen wir	eine DVD	an.

T3 Meine Hobbys
(2) spiele (3) gern (4) am (5) Winter (6) besonders (7) keinen (8) treffe (9) zusammen (10) Spaß (11) ist (12) esse (13) gefällt (14) Fisch (15) viel (16) Freizeit (17) sehe ... fern (18) müde (19) Wochenende (20) einen Ausflug

T4 Aus dem Alltag
2. David kommt erst am Abend zurück. 3. Der Tanzkurs fängt am Dienstag an. 4. Das Schwimmbad ist am Donnerstag von 10 bis 22 Uhr geöffnet.

D Schule und Beruf

D1 Kannst du oder willst du nicht?
2. kann ... schwimmen 3. will ... lernen 4. kann ... kommen 5. wollen ... tanzen gehen 6. Wollt ... mitkommen 7. könnt ...anrufen 8. Wollen ... gehen 9. können ... bleiben 10. können ... aufräumen 11. will ... haben 12. willst ... machen
2. kannst 3. kann 4. können 5. könnt 6. können
2. willst 3. will 4. wollen 5. wollt 6. wollen

D2 Sie kann Englisch.
2. kann, will 3. wollen 4. Könnt, wollt 5. können

D3 Wie gut kannst du ...?
Mögliche Lösungen:

Wie gut kann	Sophie	Ski fahren?	Gar nicht.
Wie gut kann	Felix	Eishockey spielen?	Ein bisschen.
Wie gut könnt	ihr	Tennis spielen?	Gut.
Wie gut können Sie		Gitarre spielen?	Nicht so gut.
Wie gut kannst du		Klavier spielen?	Ganz gut.
Wie gut kannst du		reiten?	Ganz gut.
Wie gut können die Kinder		schwimmen?	Nicht so gut.
Wie gut könnt	ihr	singen?	Gar nicht.
Wie gut können Sie		Spanisch (sprechen)?	Überhaupt nicht.

D4 In der Schule
C: Ich kann den Englischtest nicht schreiben. Ich will nach Hause. L: Wir rufen deine Mutter an. Vielleicht kann sie kommen und dich abholen. M: Charlotte, du kannst heute keine Hausaufgaben machen. Ich koche erst einmal Tee und dann können wir weitersehen.

D5 E-Mail an Oma
(2) Mädchen (3) Jungen (4) Unterricht (5) Klassenfoto (6) Woche (7) Ausflug (8) Mathe

D6 Berufe und mehr
2. Koch/Köchin 3. Reiseleiter/Reiseleiterin 4. Taxifahrer/Taxifahrerin 5. Sekretär/Sekretärin 6. Hausmann/Hausfrau 7. Journalist/Journalistin 8. Student/Studentin 9. Arzt/Ärztin 10. Mechatroniker/Mechatronikerin

D7 Kinderärztin?
2. der Busfahrer 3. der Krankenpfleger 4. die Innenarchitektin 5. der Bauarbeiter 6. die Reiseführerin 7. der Aushilfskellner 8. die Chefsekretärin

D8 Was sind Sie von Beruf?
2a 3d 4b 5c 6e

D9 Ich habe den ganzen Tag gelernt.
3. haben ... gemacht, gespielt 4. hat ... getroffen, haben ... getrunken 5. Hast ... gearbeitet, bist ... gekommen 6. ist ... gegangen

Infinitiv	Perfekt mit *haben*	Perfekt mit *sein*	Perfekt mit ge...(e)t	Partizip mit ge...en
machen	haben		gemacht	
spielen	haben		gespielt	
treffen	hat			getroffen
trinken	haben			getrunken
arbeiten	hast		gearbeitet	
kommen		bist		gekommen
gehen		ist		gegangen

D10 Früher und heute
2f 3b 4a 5d 6c
2. warst 3. war 4. waren
2. hattest 3. hatte 4. hatten

D11 Heute schon Zeitung gelesen?
2. gehört: hören-hört-hat gehört 3. gegessen: essen-isst-hat gegessen 4. geschrieben: schreiben-schreibt-hat geschrieben 5. gesucht: suchen-sucht-hat gesucht 6. gekostet: kosten-kostet-hat gekostet

D12 Warst du zu Hause?
(2) hatte (3) waren (4) war (5) wart (6) waren (7) war (8) war (9) hatte (10) Hattet (11) war (12) hatten

D13 Arbeitszeiten
(2) freitags (3) Vormittags (4) Studenten (5) Arbeitszeiten (6) morgens (7) halbtags (8) abends (9) Job (10) als (11) selbstständig (12) sonntags

D14 Praktikum für zwei Monate
2. seit 3. für 4. Vor 5. Seit 6. für, seit

D15 Wann sind Sie geboren?
2. Seit wann 3. Wo 4. Wie lange, Seit wann 5. Seit wann 6. Was 7. Für wie lange, Wann 8. Wie lange

T1 Meine Arbeit
(2) war (3) habe ... gearbeitet (4) waren (5) bin ... gekommen (6) habe ... gemacht (7) habe ... gesprochen (8) hatte (9) habe ... geschrieben (10) habe ... gefunden (11) habe ... gekauft (12) war

T2 Wie lange hat die Ausbildung gedauert?
2. Wann sind Sie nach Kiel gekommen? 3. Hast du schon etwas gegessen? 4. Wart Ihr gestern im Kino? 5. Hatten die Kinder Zeit für die Hausaufgaben? 6. Wie lange ist Lisa in Berlin in die Schule gegangen?

T3 Stellenanzeige
(2) Stellenanzeige (3) frei (4) ganztags (5) Wie (6) was (7) Berufserfahrung (8) bei (9) vorbeikommen (10) um

T4 Kinder
2. Wann kommt Isabel in die Schule? 3. Für wie lange bleibt der Kindergarten geschlossen? 4. Wie lange haben die Kinder Fußball gespielt? 5. Ist dein/Ihr Sohn schon einmal Skateboard gefahren?

E Ämter und Gesundheit

E1 Was muss ich tun?
2. müssen, dürfen 3. musst, darfst 4. muss, darf 5. müssen, dürfen 6. müssen, dürfen 7. müsst, dürft 8. muss, darf
2. musst 3. muss 4. müssen 5. müsst 6. müssen
2. darfst 3. darf 4. dürfen 5. dürft 6. dürfen

E2 Was man darf und was man nicht darf
2f 3a 4c 5b 6e

E3 Kompliziert?
2. die Fahrkarte 3. der Parkplatz 4. der Führerschein 5. das Mietauto 6. das Reisegepäck 7. die Sprachenschule 8. die Kursgebühr 9. die Ausländerbehörde 10. die Krankenversicherung 11. der Einkommensnachweis 12. der Geburtsname

E4 Der Arzt hat gesagt ...
2. sollen 3. soll 4. sollst 5. sollt 6. sollen
2. sollst 3. soll 4. sollen 5. sollt 6. sollen

E5 Unfall
2. Bein 3. Tee 4. Geschäft 5. Gebühr

E6 Visum
2. ausfüllen 3. unterschreibt 4. gibt ... ab 5. bezahlt 6. vergessen 7. mitbringen

E7 Hilfe!
1. Können, helfen 2. heißt, bedeutet 3. möchte, fragen, Darf, fragen 4. verstehe, Können, erklären 5. Wie, habe, verstanden, Noch einmal 6. Können, Sie, das, wiederholen 7. brauche, Auskunft

E8 Was tut weh?
2d 3a 4c 5g 6e 7f
2. Ich: Mein 3. Wir: Unsere 4. Du: Deine 5. Marta: Ihre 6. Ihr: Euer 7. Sie: Ihr
du: dein (Sg. n), deine (Sg. f), deine (Pl.)
er/es, sie: sein/ihr (Sg. n), seine, ihre (Sg. f), ihre (Pl.)
wir: unser (Sg. n), unsere (Sg. f), unsere (Pl.)
ihr: euer (Sg. n), eure (Sg. f)
sie/Sie: Ihr (Sg. m), ihr/Ihr (Sg. n), ihre/Ihre (Sg. f)

E9 Wo ist mein Pass?
2. ihre, ihre 3. sein, sein 4. ihr, ihr 5. dein, deinen 6. unsere, unsere 7. eure, eure 8. Ihre, Ihre
Sg. m: deinen **Sg. n:** sein, ihr **Sg. f:** unsere, eure
Pl.: ihre, Ihre

E10 Kann ich kurz dein Handy benutzen?
1. dein, mein 2. euer, Ihrer, unser, Unser 3. seine, seine 4. ihre, Ihre, ihre 5. mein, meinen, meine 6. Ihre, Meine

E11 Fahrradunfall
(2) passiert (3) Unfall (4) Termin (5) Notfall (6) Ordnung (7) dringend (8) Fahrrad

E12 Briefe
2. der Absender 3. die Adresse 4. das Datum 5. der Betreff 6. die Anrede 7. der Gruß 8. die Unterschrift

93

E13 Hannas Morgen
2. Zuerst duscht sie kurz und hört Radio. 3. Dann trinkt sie Kaffee und isst Müsli mit Obst. 4. Danach packt sie ihre Tasche. 5. Zum Schluss weckt sie die Kinder und fährt dann ins Büro. 6. Sie ist den ganzen Tag im Büro und kommt erst am Abend nach Hause.

E14 Kommen Sie!
2c 3e 4a 5h 6d 7b 8f
Du: sprich/schlaf/sei **ihr:** macht/passt auf/seid
Sie: kommen Sie/warten Sie

E15 Bitten
2. seid 3. Hör ... zu 4. Lies 5. bleiben Sie ... da 6. Räumt ... auf 7. Besucht 8. Mach ... auf 9. Kommt ... her 10. Informieren Sie 11. Gib 12. Holt 13. Lachen Sie 14. Seien Sie 15. Bring ... mit

T1 Unterricht
(2) muss (3) will (4) will (5) Soll (6) darf (7) sollen (8) dürfen (9) kann

T2 Meine Freundin, unser Hund
1. ihre, ihre, Ihr, ihre 2. seinen/seine, Seine 3. deinen, dein 4. Unser, seine, Seine 5. euer, eure, euer 6. Meine, meine, meinen

T3 Krank?
2. Arbeite doch nicht so viel. 3. Fahr doch bitte nach Hause. 4. Ruf doch bitte den Arzt an. 5. Trink doch Tee. 6. Iss bitte etwas. 7. Nimm doch eine Schmerztablette. 8. Schlaf doch ein bisschen.

T4 Unsere Praxis
(2) Arzt (3) Sprechstunde (4) nachmittags (5) Termine (6) Unsere (7) bringen (8) Schnupfen (9) Bauchschmerzen (10) leicht (11) ist (12) Notfälle (13) passieren (14) müssen (15) frei (16) können

F Stadt und Service

F1 Mit dem Bus zur Schule
2. Bei 3. mit, zum 4. Mit, zum 5. beim 6. zu 7. Beim 8. mit 9. bei 10. mit
Sg. m: beim, zum **Pl.:** den **Sg. f:** der, der, zur **Pl.:** den **Sg. n:** dem, beim, zum **Pl.:** den, den, den

F2 In der Stadt
2. ~~Autobahn~~ 3. ~~Brücke~~ 4. ~~Museum~~ 5. ~~Kiosk~~ 6. ~~Ampel~~

F3 Unterwegs
1. können, gehen 2. Am Bahnsteig, auf, S-Bahn 3. Autoschlüssel, zur Post fahren 4. Haltestelle, die Busse 5. Am Rathaus, Parkplatz 6. U-Bahnstationen, nachts geschlossen 7. Fußgängerzone, Brücke 8. Fahren, mit, Fahrrad, gehen, zu Fuß

F4 Wo gibt es ...?
Mögliche Lösungen:
Wo gibt es Medikamente? In der Apotheke.
Wo gibt es Zeitungen? Am Kiosk.
Wo kann man Bilder anschauen? Im Museum.
Wo kann man Bücher kaufen? In der Buchhandlung.
Wo kann man das Auto parken? Auf dem Parkplatz.
Wo kann man spazieren gehen? Im Park.
Wo kann man studieren? An der Universität.
Wo kann man tanken? An der Tankstelle.
Wo kann man Kaffee trinken? Im Café.

F5 Wohin gehst du?
2. ins Krankenhaus 3. in die Apotheke 4. auf die Bank 5. ins Konzert 6. in den Park

F6 Gehen oder bleiben?
2. beim, auf die 3. bei, nach 4. zum, mit dem

F7 Wie komme ich zum Bahnhof?
P1: Hier an der Ampel links und dann immer geradeaus. Der Bahnhof ist rechts neben der Post.
T2: Entschuldigung, wo ist denn hier in der Nähe eine Apotheke?
P2: Sehen Sie da vorne an der Ecke das Hotel Europa? 50 Meter hinter dem Hotel kommt eine Apotheke.
T3: Entschuldigung, wo geht es hier zur Oper?
P3: Tut mir leid, das weiß ich nicht. Ich bin auch fremd hier.

F8 Am Bahnhof
2h 3a 4g 5b 6c 7f 8e

F9 Könnten Sie kurz kommen?
2. Würdest ... ausmachen? 3. Könntet ... sein? 4. Könntest ... sagen? 5. Würden ... warten? 6. Würdet ... helfen?

	Verb 1: *könnte/würde*		Verb 2: Infinitiv
du	Könntest du Würdest du	mir vielleicht den Weg bitte dein Handy	sagen? ausschalten?
ihr	Könntet ihr Würdet ihr	bitte leise mir bitte	sein? helfen?
Sie	Würden Sie	bitte einen Moment	warten?

F10 Ich habe eine Bitte.
2. Würdest 3. Würdet 4. Könntest 5. Könntet 6. Würden

F11 In einer Stunde
2. dem 3. dem 4. einem 5. Tagen 6. den 7. einem 8. der
Sg. m: einem, dem **Sg. f:** der **Sg. n:** einem, dem
Plural: drei, den

F12 Ansagen und Durchsagen
2. ~~entsehen~~ 3. ~~vorbeisitzen~~ 4. ~~Anzeit~~

F13 Kaputt!
2d 3b 4c 5a 6e

F14 Anrufbeantworter
1. zurzeit, hinterlassen 2. Moment, erreichbar, Nachricht, rufen 3. erreichen, persönlich, Montag

F15 Kundenservice und anderes
2. die Dienstleistung 3. die Gebrauchsanweisung 4. der Kundendienst 5. die Reparaturkosten 6. die Straßenbahn 7. die Haltestelle 8. der Bankautomat 9. die Fußgängerzone 10. der Bahnhofskiosk

F16 Stress
(2) Stress (3) telefonieren (4) ins (5) Ab (6) erreiche (7) kaputt (8) Kundendienst (9) wann (10) vor

T1 Entschuldigung, wo ist denn hier ...?
1. Zum, zur 2. an der, hinter dem 3. zum, neben der 4. mit dem, vor der

T2 Urlaubspläne
(2) in die (3) In der (4) Mit dem, den (5) in einer (6) im (7) mit einer (8) zu (9) mit dem (10) nach (11) bei einem (12) ins (13) im (14) im (15) vor einer (16) nach (17) in den

T3 Notfall
(2) Werkstatt (3) an (4) Könntest (5) nach (6) Büro (7) ins (8) dem (9) Sport (10) im (11) Autobahn (12) mit (13) zur (14) Reparatur (15) bis (16) Woche (17) dir (18) morgen

T4 Im Klassenzimmer
2. Würdest du bitte das Fenster zumachen? 3. Würdet ihr bitte mal eure Handys ausmachen? 4. Könntest du nach dem Unterricht kurz zu mir kommen?

G Kleidung und Feste

G1 Die Blumen sind für dich.
2. mich 3. Sie, es 4. sie 5. ihn 6. sie 7. uns 8. euch
Akk. Sg.: dich, ihn, sie, es Akk. Pl.: uns, euch, sie, Sie

G2 Alles Gute!
2. Herzlichen Glückwunsch 3. Frohe, Frohe 4. Gutes neues 5. Gratulation 6. gratulieren 7. wünsche 8. Gute

G3 Das Geschenk gefällt mir.
2c Ihr gehört 3d schmeckt uns 4a steht dir 5b passt Ihnen 6g schmeckt ihnen 7h Gefallen ... euch 8f passen ... ihm
Dat. Sg.: dir, ihm, ihr Dat. Pl.: uns, euch, ihnen, Ihnen

G4 Welcher Rock gefällt dir?
Mögliche Lösungen:

Welches	Kleid	gefällt dir?	Dieses./Das da.
Welche	Jeans	gefällt dir?	Diese./Die da.
Welche	Schuhe	gefallen dir?	Diese./Die da.
Welches	Hemd	gefällt dir?	Dieses./Das da.
Welche	Bluse	gefällt dir?	Diese./Die da.
Welcher	Pullover	gefällt dir?	Dieser./Der da.
Welche	T-Shirts	gefallen dir?	Diese./Die da.

Sg. f: Welche, Diese./Die (da). Sg. n: Welches, Dieses./Das (da). Pl.: Welche, Diese./Die (da).

G5 Welchen Gürtel soll ich nehmen?
2. diese, Welche, Die da 3. dieses, Das 4. diese, Welche, Die ... da 5. diesen, Welchen, den da 6. diese, die ... da
Akk. Sg. m: Diesen./Den (da). Akk. Sg. f: Welche, Diese./Die (da). Akk. Sg. n: Dieses./Das (da). Akk. Pl.: Welche, Diese./Die (da).

G6 Kleidung und Co.
2. die Sonnenbrille 3. der Regenschirm 4. das Abendkleid 5. die Winterjacke 6. die Sommerschuhe 7. der Minirock 8. die Strumpfhose

G7 Im Kaufhaus
(2) gefällt (3) passen (4) passt (5) findest (6) passt (7) stehen (8) gefallen

G8 Wer mag wen (nicht)?
2. mögen, mag, wisst 3. mögen, wissen 4. mögt, mag 5. Mögen, weiß 6. mag, Weißt
2. magst 3. mag 4. mögen 5. mögt 6. mögen
2. weißt 3. weiß 4. wissen 5. wisst 6. wissen

G9 Lieber ins Theater
2a gern, lieber, am liebsten 3f viel, mehr, am meisten 4b gut, besser 5c gern, lieber, am liebsten 6e viel, mehr, am meisten

	gut	gern	viel
Komparativ	besser	lieber	mehr
Superlativ	am besten	am liebsten	am meisten

G10 Monate und Feste
2. Ostern, März, April 3. Februar, Karneval, Fasching 4. Hochzeit, Mai, Juni 5. Juli, August, September, Sommerferien 6. Januar, Geburtstag 7. Feste, Oktober, November 8. Silvester, Neujahr

G11 Wir feiern heute, denn ich habe Geburtstag.
2. aber 3. denn 4. aber 5. aber 6. denn

G12 Ich werde im Mai 18!
1. wirst 2. wird 3. werden 4. werdet
2. wirst 3. wird 4. werden 5. werdet

G13 Nationalfeiertag
2. erste, ersten 3. zweite, zweiten, siebten 4. vierten, fünften

G14 Geburtstag und Abschied
Geburtstag: Wir laden alle Verwandten und Bekannten zu uns nach Hause ein. Bitte gebt kurz Bescheid. Wir freuen uns!
Abschied: Liebe Kollegen, morgen feiere ich meinen Abschied mit Sekt und Kuchen. Alle sind herzlich eingeladen! Euer Luis

T1 Shopping in der Stadt
2. dich, dir 3. ihr, ihm 4. ihn, sie 5. sie, ihnen 6. euch, uns, uns

T2 Silvester
(2) organisieren (3) Bekannte (4) Sekt (5) mag (6) lieber (7) mehr (8) Einladungen (9) zu (10) gern (11) am liebsten (12) mit (13) am besten (14) Spaß

T3 Glückwünsche und mehr
2. Wir gratulieren Ihnen zum Geburtstag. 3. Frohe Weihnachten und ein gutes neues Jahr! 4. Wir wünschen euch viel Glück. 5. Wir gratulieren euch zur Hochzeit und wünschen euch alles Gute. 6. Herzlichen Glückwunsch zum Führerschein! 7. Ich wünsche dir gute Besserung.

T4 Welches Buch gefällt dir am besten?
2. Welche DVD möchtest du kaufen? 3. Welchen Film möchtet ihr unbedingt einmal sehen? 4. Welches Handy war sehr teuer? 5. Welche Handschuhe mag Marina am liebsten? 6. Welcher Mantel ist dein Lieblingsmantel? 7. Welches Auto will Andreas nicht kaufen? 8. Welche Kekse schmecken am besten?

Register

A
aber	G11
an	C11, F4-5
Akkusativ	C4, C6, F5, G1
Antwortpartikel	C13
arbeiten	C5
Artikel	B1

B
bei	F1
Berufe	D6-D8
besser-am besten	G9
bis, von...bis	C11

D
dann-danach	E13
Dativ	D14, F4, G3
Datum	G13
Demonstrativartikel	G4-G5
denn	G11
der (da)	G4-G5
dieser	G4-G5
doch	C13
dürfen	E1-E2

E
ein/eine	B1
Einladungen	G14

F
Farben	B16
Feste	G10
Frageartikel	G4-G5
Fragen	A10, B7, F9, F10
Fragewörter	A10
für	D14

G
gern	G9
Größenangaben	B17
gut	G9

H
haben	A11, D10
heißen	A3
Hilfsverben	A1, A11, G13

I
Imperativ	E14-E15
in	C11, F4-5, F11

J
Ja, nein, doch	C13
Ja-Nein-Frage	B7, C13
Jahreszeiten	C9
jeder	C17

K
kein/keine	B1
kommen	A3
Komparation	G9
Komparativ	G9
Konjunktiv II	F9-10
können	D1, D3

L
Ländernamen	A9
lieber-am liebsten	G9
Lieblings-	C15

M
man	E2
mehr-am meisten	G9
mein/dein/sein	A13-14, E8-10
Mengenangaben	B8
mit	F1
Modalverben	B6, D1, E1, E4, G8
möchte	B6
mögen	G8
Monate	G10
müssen	E1

N
nach	F11
Negation	B1, B15
Negationsartikel	B1
nehmen	C4
nein	C13
nicht	B15

O
Ordinalzahlen	G13

P
Perfekt	D9, D11
Personalpronomen	A12, B25, G1, G3
Plural	B2-B3
Possessivartikel	A13-14, E8-10
Präpositionen	D14, F1, F4-6
Präsens	A3-4, A11
Präteritum	D12

S
sein	A1, D10
seit	D14
Singular und Plural	B2-3
sollen	E4
sprechen	A4
Superlativ	G9

T
Temporale Präpositionen	C11
Trennbare Verben	C7, C12

U
Uhrzeit	C10
um	C11
Unbestimmter Artikel	B1

V
Verben mit Vokalwechsel	C1-2
viel	G9
von ... bis	C11
vor	D14, F11

W
Wechselpräpositionen	F4-5
W-Frage	A10
Wegbeschreibungen	F7
Welcher?	G4-5
werden	G12
Wetter	C8
wissen	G8
wollen	D1-2

Z
Zahlen	G13
Zeitangaben	C11, C17, D13-14, F11
zu	F1

96